PONS

Richtig gut
Referate halten
FRANZÖSISCH

Mit der richtigen Vorbereitung punkten:
Souverän präsentieren und an Diskussionen teilnehmen

von
Isabelle Langenbach
Anne Weber
Verena Wróbel

PONS GmbH
Stuttgart

PONS
Richtig gut
Referate halten
FRANZÖSISCH

Mit der richtigen Vorbereitung punkten:
Souverän präsentieren und an Diskussionen teilnehmen

von
Isabelle Langenbach
Anne Weber
Verena Wróbel

Auflage A1 5 4 3 2 1 / 2011 2010 2009 2008

Redaktion: Arkadiusz Wrobel, Karin Adam
Logoentwurf: Erwin Poell, Heidelberg
Logoüberarbeitung: Sabine Redlin, Ludwigsburg
Titelfoto: Vlado Golub, Stuttgart
Einbandgestaltung: Schmidt & Dupont, Stuttgart
Bildnachweis: Schüler (S.7, 49): Digital Vision; Referat (S.7): Klett-Archiv/ David Ausserhofer; Diskutieren (S.49): Klett-Archiv/ Michael Schubert
Tonaufnahme/Digital Mastering: Ton in Ton Medienhaus, Stuttgart
Sprecher: Christoph Franz, Nathalie Karanfilovic
Layout: Satzkasten, Stuttgart
Satz: Digraf.pl - dtp services
Druck und Bindung: Print Consult GmbH, München
Printed in Slovak Republic.
ISBN: 978-3-12-561482-6

Inhaltsverzeichnis

Willkommen

*Euh... salut... euh... bienvenue... euh... alors... bon... eh bien... commençons...
Qu'est-ce que j'allais dire ?*

Du möchtest ein Referat auf Französisch halten und dir fehlen die Worte? *PONS Referate halten Französisch* hilft dir nicht nur die passenden Worte zu finden, sondern begleitet dich auch von der **Vorbereitung** über die **Präsentation** bis hin zur anschließenden **Diskussion**.

Was finde ich in dem Buch?

Alles rund um Referate und Diskussionen

- **Theorie-Kapitel „Referate"** – Hier wirst du auf deinem Weg zum präsentationsfähigen Referat begleitet. Schritt für Schritt wird jeder einzelne Aspekt genau beschrieben und erklärt: Wie plane und recherchiere ich richtig? Was ist ein geeigneter Referatsaufbau? Wie bereite ich mich auf den Auftritt vor und wie führe ich das Referat durch?

- **Theorie-Kapitel „Diskutieren"** – In diesem Kapitel erfährst du alles, was du wissen musst, um erfolgreich an einer Diskussion teilzunehmen oder eine Diskussion zu leiten: Wie stelle ich Argumente zusammen und präsentiere sie überzeugend? Wie reagiere ich auf Fragen richtig und wie moderiere und beurteile ich eine Diskussion?

- **Tipps** – In den einzelnen Kapiteln findest du am Rand praxisnahe Tipps, die für die Vorbereitung und den Auftritt besonders nützlich sind und deinem Referat noch den letzten Schliff geben.

- **Checklisten** – Mit einem Häkchen markierte Checklisten stellen wichtige Punkte, die es zu beachten gilt, im Überblick dar.

- **Infoboxen** – Hier findest du zusätzliche Informationen zu spezielleren Bereichen des jeweiligen Themas. Infoboxen erkennst du an einem Ausrufezeichen.

Passende Worte für jeden Schritt

- **Wortlisten**[1] – Zu jedem einzelnen Referats- bzw. Diskussionsschritt findest du neben der Theorie auch ausführliche deutsch-französische Wortlisten mit dem benötigten Vokabular.

- **Index** – Um einzelne Wendungen schnell und problemlos zu finden, kannst du den Index im hinteren Teil des Buches nutzen. Die Reihenfolge der Wendungen entspricht der Reihenfolge in den beiden Theorieteilen.

- **Audio-CD**[2] – Für eine effektivere Vorbereitung und zum Trainieren der Aussprache steht dir eine CD mit allen Sätzen und Wendungen aus den Wortlisten zur Verfügung. Track-Nummern neben den Wortlisten und im Index helfen dir bei der Orientierung. Alle Hörbeiträge wurden von französischen Muttersprachlern gesprochen.

Übung macht den Meister!

- **Übungen** – Am Ende der beiden großen Kapitel findest du jeweils einen umfangreichen Übungsteil zu inhaltlichen Aspekten sowie zum Wortschatz. Nutze die Übungen, um dich selbst zu überprüfen und das Erlernte zu festigen. Die Lösungen dazu befinden sich vor dem Index am Ende des Buches.

Einem erfolgreichen Spurt ins Ziel steht jetzt nichts mehr im Weg.
Starte durch: Auf die Plätze, fertig, los!

Wir drücken dir die Daumen!

Autorenteam und Redaktion

[1] Elemente in eckigen Klammern (z. B. Eigennamen) sind in den Wortlisten nur als Beispiel angegeben und können beliebig ausgetauscht werden.

[2] Aus Platzgründen wurde bei den Sätzen und Wendungen mit weiteren Varianten, die jeweils in Klammern angegeben sind, nur die Grundvariante aufgenommen.

Referate halten

Referate halten

1. Prêt : Inhalte suchen und aufbereiten

1.1 Gut geplant ist halb gehalten – Die Vorarbeit

Wie erstelle ich einen Arbeitsplan?

> **TIPP:**
> *Beginne rechtzeitig mit der Vorbereitung und plane Zeitpuffer ein. So gerätst du nicht unter Druck.*

Bevor du dich um inhaltliche Aspekte kümmerst und dich in die eigentliche Vorbereitung stürzt, solltest du dein Vorgehen planen. Nur dann kannst du abschätzen, wie viel Zeit du für die einzelnen Arbeitsschritte überhaupt zur Verfügung hast. Notiere dir den Referatstermin in deinem Kalender und erstelle dann einen Plan, wann du welchen Arbeitsschritt in Angriff nehmen und beenden willst. Du solltest dabei dein eigenes Arbeitstempo berücksichtigen und dir realistische Ziele setzen. Auch andere Termine (z. B. Klausuren und Ferien), die dich eventuell an einem zügigen Arbeiten hindern, solltest du in deine Planung mit einbeziehen.

Arbeitsphasen !

Themenfestlegung: Sprich das Thema mit deinem Lehrer/Dozenten ab und wähle den Termin dafür möglichst früh, so dass eventuell noch ein zweites Treffen stattfinden kann.

Recherche: Wichtige Bücher, die du für deine Arbeit ausleihen möchtest, können entliehen sein, dann musst du möglicherweise wochenlang darauf warten. Plane entsprechend viel Zeit für diesen Schritt ein.

Materialbearbeitung: Das Sichten, Bewerten und Ordnen von Material erfordert Ruhe und Zeit. Mache dir gründlich Notizen und schreibe immer deine Quellen auf. Das erspart später unnötiges Suchen, wenn du einzelne Aspekte genauer nachschlagen musst.

Gliederung: Der Aufbau muss eventuell noch mit der Lehrperson abgesprochen werden. Vereinbare rechtzeitig einen Termin. Plane für Änderungen, die dann noch vorgenommen werden müssen, Zeit ein. Vielleicht musst du ein Teilthema neu recherchieren.

Ausarbeitung: Dies ist eine sehr intensive Arbeitsphase, in der du dich teils kreativ, teils analytisch mit den Inhalten auseinandersetzt. Rechne damit, dass dieser Prozess nicht immer zügig läuft. Ein paar Tage Abstand können dann gut tun, um mit neuem Schwung die Sache wieder anzugehen.

Letzte Vorbereitungen: Viele Kleinigkeiten können jetzt Zeit und Nerven kosten. Du musst Folien und Handouts kopieren, Geräte organisieren, etc. Dabei muss nicht immer alles glatt gehen: Hast du auch dann genug Zeit, wenn Kopierer oder andere technische Geräte streiken?

Wie präzisiere ich das Thema und definiere Ziele?

Das Thema des Referates ergibt sich in den meisten Fällen aus dem Unterricht und wird durch die Lehrperson vorgegeben. Mache dir zunächst eigene Gedanken zum Thema. Kläre für dich, welchen Bezug du zu diesem Thema hast und welche Aspekte du besonders reizvoll findest. Gehe dann zu deinem Lehrer/Dozenten und kläre, inwieweit sich eure Vorstellungen treffen oder ergänzen. Besprich, wo der Schwerpunkt des Referates liegen soll und welche Bereiche unbedingt in deinen Ausführungen berücksichtigt werden müssen. Mache dir auch klar, für wen du dein Referat hältst und welche Informationen deine Zuhörer unbedingt brauchen.

> ***TIPP:***
> *Eine spontane Stoffsammlung (Brainstorming, Mind-Map usw.) hilft, sich an das Thema heranzutasten. Auch ein Lexikon gibt einen ersten Überblick.*

Wenn du dein Thema selbst wählst, solltest du unbedingt auf den Umfang achten: Ist das Thema zu eng gewählt, langweilst du dein Publikum unter Umständen mit unnötigen Details und Spezialwissen. Ist das Thema zu weit gefasst, ist eine vertiefende Darstellung einzelner Aspekte unmöglich. Bitte auch hier deine Lehrperson um ein beratendes Gespräch.

> ***TIPP:***
> *Im Zweifelsfall immer Rücksprache mit der Lehrperson halten!*

Checkliste: Besprechung zur Themenfindung ✓

- Wo soll der Schwerpunkt des Referates liegen?
- Was will ich mit meinem Referat erreichen?
- Welche Fragen und Unterthemen lassen sich formulieren?
- Welche Aspekte finde ich besonders spannend?
- Wie viel Zeit ist für die Durchführung des Vortrags vorgesehen?
- Gibt es Literatur, die mein Lehrer/Dozent mir empfehlen kann?
- Wann soll das Referat gehalten werden? Wie viel Zeit bleibt für die Vorbereitung?

1.2 Wer sucht, der findet – Die Recherche

Wo suche ich, was ich brauche?

Die Recherche ist ein wichtiger Schritt auf dem Weg zu einem guten und vor allem informativen Referat. Die Möglichkeiten, nach geeignetem Material zu suchen, sind vielfältig.

TIPP:
Stelle dir eine Liste mit Schlagwörtern zum Thema zusammen. So kommst du bei der Suche in der Bibliothek und im Internet schnell vorwärts.

Öffentliche Bücherei/Bibliothek: Der richtige Ort für die Recherche kann eine Bibliothek sein. Wenn du noch nicht mit den Gegebenheiten vertraut bist, lass dich vor Ort über das Bibliothekssystem informieren. Sowohl eine Suche nach thematischen Stichwörtern, als auch nach Autoren ist möglich. Du findest neben Fachbüchern, wissenschaftlichen Zeitschriften und aktueller Presse auch allgemeine Nachschlagewerke und Lexika.

Internet: Eine weitere Informationsquelle ist das Internet; das Problem ist hier aber, die gefundenen Seiten richtig einschätzen zu können und die verlässlichen Quellen von den zweifelhaften zu unterscheiden. Hierbei hilft es zum einen, sich eher auf Seiten von angesehenen Urhebern (Universitäten, Zeitschriften, Rundfunk) zu stützen. Zum anderen ist es ratsam, sich nicht nur auf eine Quelle zu verlassen, sondern mehrere zu vergleichen.

Checkliste: Die Nützlichkeit eines Buches schnell beurteilen ✓

- Inhaltsverzeichnis lesen
- Index überfliegen
- Vorwort/Einführung anlesen
- zwei oder drei willkürlich ausgewählte Textpassagen anschauen

Wie notiere ich, was ich finde?

TIPP:
Notiere immer auch die genaue Quelle der gefundenen Information, da du diese später ohnehin angeben musst.

Während der Materialsuche erscheint es oft problematisch, die Informationen so zu notieren, dass sie später gut verarbeitet werden können.

Lesetechniken: Bei deiner Recherche geht es darum, möglichst schnell zu beurteilen, ob ein Text für dich relevant ist oder nicht. Verschaffe dir einen Überblick über den Inhalt, indem du die Seiten überfliegst und die

Schlüsselwörter erfasst. Entscheide dann, ob es sich lohnt diesen Text genauer zu bearbeiten.

> ***TIPP:***
> *Entnimm keine Textpassagen wörtlich, ohne sie als Zitate zu kennzeichnen.*

Texte exzerpieren: Markiere in den Texten, die du als wichtig erachtest, zentrale Stellen und schreibe dir zur eigenen Orientierung Überbegriffe an den Rand. Mache dir die Hauptgedanken des Textes klar und fasse diese in eigenen Worten zusammen.

Vorstrukturieren: Es bietet sich an, das Material in Mind-Maps oder Clustern thematisch vorzustrukturieren. Man sollte einzelne Aspekte, die man in Büchern, Zeitschriften oder im Internet findet, gleich so zusammenstellen, dass man sie später wieder findet und bei der Erarbeitung keinen Aspekt vergisst.

Zitieren: Notiere Zitate, die du womöglich in deinem Vortrag zur Verdeutlichung verwenden willst, mit genauen Quellenangaben (Autor, Titel, Jahr, Verlag, Seitenzahl).

Literaturverzeichnis anlegen: Du musst alle verwendeten Quellen angeben. Lege dir deshalb eine Liste an, auf der du die Angaben aller verwendeten Materialien notierst. Eventuell muss diese Liste auch abgegeben werden.

Checkliste: Literaturverzeichnis (Bibliografie) ✓

- **Bücher**: Name, Vorname: *Titel*. Ort: Verlag, Jahr.
- **Zeitschriftenartikel**: Name, Vorname: „Titel". In: Name der Zeitschrift. Ausgabe. Ort: Verlag, Jahr. Seite.
- **Internetseiten**: vollständige Webadresse, in Klammern dahinter das Datum, an dem die Seite besucht wurde.
- Internetseiten werden separat von Büchern und Zeitschriften aufgelistet.
- Die Namen der Autoren werden alphabetisch sortiert.

Wie strukturiere ich, was ich verwenden will?

Mit dem Rohmaterial, das während der Recherche gesammelt wurde, wird nun eine endgültige Struktur erarbeitet. Du solltest dir noch einmal genau deine Themenformulierung und Zieldefinition anschauen. Überlege dir, welche der Informationen du tatsächlich auch verwenden willst bzw. solltest.

> ***TIPP:***
> *Lege am besten für jeden Unterpunkt ein eigenes Kartensystem an, das erleichtert das Zuordnen der verschiedenen Informationen.*

Finde Überschriften zu Unterkapiteln und bringe diese in eine schlüssige Reihenfolge. Ordne dann dein Material diesen

Unterpunkten zu (vgl. Kap. 3.2, S. 21). Überlege dir auch, mit welchen Medien du deine Inhalte präsentieren kannst: Welches Medium ist am besten geeignet, die einzelnen Aspekte verständlich zu machen und zu veranschaulichen?

Verschiedene Medien und ihre Einsatzmöglichkeiten

Die Tafel kann während deines Referates dafür genutzt werden, Äußerungen aus dem Plenum zu sammeln oder einige Stichpunkte zu notieren. Komplexere Schaubilder solltest du, wenn die Möglichkeit besteht, schon vor dem Vortrag anbringen oder dich für eines der anderen Medien entscheiden.

Flipcharts haben eine ähnliche Funktion wie die Tafel. Besonders eignen sie sich für Stichwortsammlungen und Skizzen. Man kann hier innerhalb kürzester Zeit verschiedene Aspekte auf einem jeweils neuen Blatt behandeln.

Poster haben den Vorteil, dass sie während des gesamten Referates präsent sind und auch darüber hinaus als Erinnerungsstütze und Ergebnis genutzt werden können.

Folien sind sehr flexibel einsetzbar, da sie vor dem Vortrag erstellt werden können, aber auch spontane Ergänzungen während des Referates zulassen. Achte auf die Schriftgröße und die Übersichtlichkeit.

Der Computer bietet die Möglichkeit, mit Powerpoint Grafiken, Bilder und Auflistungen zu erstellen und mit Hilfe des Beamers zu zeigen. Besonders wenn zahlreiche Bilder, Diagramme und Illustrationen eingesetzt werden sollen, ist dieses Medium sinnvoll. Achte aber auch hier darauf, dass deine Zuschauer Zeit brauchen, die Eindrücke aufzunehmen und zu verarbeiten.

Filme oder Filmsequenzen können einzelne Aspekte deines Themas eindrücklich veranschaulichen. Allerdings sollte der gewählte Ausschnitt genau auf das Thema abgestimmt sein und nur einen kleinen Teil deines Referates einnehmen. Nimm während deines Referates Bezug auf die gezeigten Szenen.

Tonträger können ähnlich wie Filme eingesetzt werden. Musik, Interviewausschnitte, Lesungen oder Ähnliches lockern den Vortrag auf und können als Ausgangspunkt oder Beispiel dienen.

2. Feu : Auftritt vorbereiten

2.1 Ab in die Startlöcher – Vorbereitung und Visualisierung

Wie bereite ich mich auf meinen Auftritt vor?

Der Abend zuvor: Versuche, am Abend zuvor rechtzeitig mit allen Vorbereitungen fertig zu sein, so dass du genügend Schlaf bekommst. Ein ausgeschlafener Referent tritt wesentlich überzeugender und souveräner auf als ein übermüdeter.

Lampenfieber: Wenn du dich gut vorbereitet hast, gibt es eigentlich keinen Grund aufgeregt zu sein. Trotzdem ist es normal, ein gewisses Maß an Lampenfieber zu spüren. Oft hilft es, das Referat im Vorfeld vor Freunden oder auch nur vor dem Spiegel zu halten. Wenn dieser Probeauftritt gut läuft, legt sich die Nervosität von selbst.
Sei am Tag selbst pünktlich an Ort und Stelle. Plane lieber einen Zeitpuffer ein, damit du nicht zusätzlich unter Druck gerätst.

Personne n'est parfait: Setze dich selbst nicht zu sehr unter Druck. Es ist kein Problem, wenn dir zwischendurch einmal kleine Fehler unterlaufen. Auch Versprecher wird niemand übel nehmen. Es ist vollkommen in Ordnung, sich bei Unsicherheiten an den Karteikarten zu orientieren, solange man nicht durchgängig abliest.

Wie bereite ich mein Material vor?

Kümmere dich rechtzeitig um die Anfertigung deiner Materialien. Kopiere Handouts und Folien mindestens einen Tag vor deinem Auftritt und nimm dir genügend Zeit, alles zu kontrollieren. Tippfehler schleichen sich schneller ein, als man denkt.
Überlege dir im Vorfeld, welche technischen Geräte du benutzen wirst und reserviere diese gegebenenfalls. Um frei sprechen zu können, solltest du dir nur Stichworte notieren. Ausformulierte Sätze verleiten dazu abzulesen und sind nicht übersichtlich genug. Bewährt haben sich Karteikarten. Lege dir am besten alle Materialien so zurecht, dass du direkt vor deinem Referat sicher sein kannst, alles in der richtigen Reihenfolge und vor allem komplett vorliegen zu haben.

Checkliste: Karteikarten ✓

- für jeden neuen Aspekt eine eigene Karte benutzen
- Stichworte so knapp wie möglich halten
- groß und leserlich schreiben
- unterschiedliche Farben verwenden
- Schlüsselbegriffe markieren
- Karten nummerieren

Checkliste: Folien, Handouts und Plakate ✓

- so wenig wie möglich, so viel wie nötig schreiben
- Gliederung übersichtlich gestalten
- grafische Elemente zur Veranschaulichung nutzen
- nicht zu viel auf eine Seite packen
- Schriftgröße nicht zu klein wählen (Handouts ca. 12 Punkt, Folien ab 16 Punkt)
- leserliche und einheitliche Schriftart benutzen
- Quellen angeben

3. Partez : Referate durchführen

3.1 Auf los geht's los – Die Einleitung

Wie stelle ich mich vor und begrüße meine Zuhörer?

Salut, je sais qu'aucun d'entre nous ne veut vraiment être ici, mais Mme Lepin veut que je vous parle de ce type français ennuyeux qu'était Molière…

TIPP:
Die Aufregung zu Beginn eines Referates bekommt man besser in den Griff, wenn man den Einstieg besonders gründlich vorbereitet und eventuell sogar auswendig lernt.

Der erste Eindruck entscheidet – nicht alles, aber einiges: Er legt den Grundstein für eine gute und überzeugende Präsentation. Deshalb ist es noch vor Beginn des eigentlichen Referates wichtig, einen positiven Kontakt zum Publikum aufzubauen. Begrüße deine Zuhörer freundlich und teile ihnen durchaus auch mit, dass du dich über ihr Erscheinen freust. Ein Publikum ist gerne bereit, sich auf das Kommende einzulassen, wenn es sich persönlich angesprochen fühlt und merkt, dass es dir Freude macht, dein Thema zu präsentieren.

Solltest du vor fremdem Publikum sprechen, ist es wichtig, dich und eventuelle Mitreferenten kurz vorzustellen: Nenne deinen Namen, eventuell deine Funktion und umreiße kurz, inwieweit du Experte für das von dir präsentierte Thema bist.

Richtiges Auftreten !

Wichtig ist nicht nur, was du sagst, sondern auch wie du es sagst. Hier ein paar einfache aber sehr wirkungsvolle Tipps für dich:

Natürlich auftreten: Ziehe das an, worin du dich wohl fühlst. Dabei sollte die Kleidung gepflegt und dem Anlass angemessen sein.

Nervosität verbergen: Stehe aufrecht und unverkrampft, gehe nicht zu viel umher, wippe nicht.

Wichtiges betonen: Unterstreiche deine Ausführungen dezent mit Gestik und Mimik.

Kontakt zum Publikum: Vergiss nicht, dass du Zuhörer hast und halte Blickkontakt.

Positive Atmosphäre: Ein aufmunterndes Lächeln hilft dir, eine positive Atmosphäre im Raum zu schaffen.

Üben im Voraus: Finde das richtige Maß an Bewegung, Gestik und Mimik für dich heraus, indem du einen Teil des Referates einmal einem Freund präsentierst.

Guten Morgen alle miteinander.	Bonjour, tout le monde.	1
Liebe Klassenkameraden ...	Chers camarades de classe,...	
Liebe Kommilitonen ...	Chers camarades d'étude,...	
Meine sehr verehrten Damen und Herren ...	Mesdames et messieurs,...	
Ich begrüße euch sehr herzlich zu ...	Je vous souhaite la bienvenue à...	
Ich heiße euch herzlich willkommen.	Soyez les bienvenus.	
Schön, dass ihr alle heute morgen da seid.	Merci d'être tous là ce matin.	
Schön, dass ihr es alle geschafft habt her zu kommen.	Je suis heureux que vous ayez tous réussi à venir.	
Schön, dass ihr so zahlreich erschienen seid ...	Merci d'être venus aussi nombreux...	

Die meisten von euch kennen mich ja, ich bin ...	La plupart d'entre vous me connaissent déjà, je suis...	2
Für diejenigen, die mich nicht kennen, ich bin ...	Pour ceux qui ne me connaissent pas, je suis...	
Ich möchte mich gerne kurz vorstellen.	Je me présente brièvement.	
Mein Name ist ...	Mon nom est...	
Ich heiße ...	Je m'appelle...	
Ich bin Schüler der 10. Klasse.	Je suis en classe de troisième.	
Ich bin Student im 3. Semester.	Je suis étudiant en deuxième année.	
Ich bin ein Praktikant.	Je suis stagiaire.	
Heute steht hier mit mir ...	Avec moi, vous voyez...	
Ich glaube, ihr kennt alle ...	Je pense que vous connaissez tous...	
Ich möchte gerne ... vorstellen.	Je voudrais vous présenter...	
Darf ich ... vorstellen:	Est-ce que je peux vous présenter...	
Wir arbeiten schon lange zusammen an diesem Thema.	Nous travaillons ensemble sur ce sujet depuis déjà longtemps.	
Wir haben dieses Referat gemeinsam vorbereitet.	Nous avons préparé cet exposé ensemble.	

Wir werden uns im Verlauf dieses Referates immer wieder abwechseln.	Nous allons nous relayer au cours de cet exposé.
Wir haben uns die Präsentation folgendermaßen aufgeteilt:	Nous avons divisé notre présentation de la façon suivante :

Wie kläre ich technische und organisatorische Fragen?

J'ai un gros rhume donc vous ne m'entendrez pas et je ne sais pas comment allumer la lumière donc vous ne me verrez pas non plus, mais je suis ici et j'ai prévu un discours de trois heures sur les pièces de Molière…

Bevor es mit der Präsentation richtig losgeht, ist es ratsam, noch einige technische und organisatorische Dinge zu klären und vorzubereiten.

Licht und Lesbarkeit: Achte darauf, dass das Licht im Vortragsraum hell genug ist, so dass du als Vortragender deine Aufzeichnungen gut lesen kannst; andererseits sollte es nicht so hell sein, dass die Zuschauer die Schrift auf dem OHP, Bildschirm oder Tafel nicht mehr lesen können. Teste dies am besten im Vorfeld und frage dein Publikum, ob alles gut sichtbar ist.

Lautstärke: Erkundige dich, ob deine Stimme oder die CD-Einspielung für alle Zuhörer laut genug und verständlich ist. Das vermeidet Unmut und Missverständnisse auf beiden Seiten.

Technische Probleme: Solltest du Probleme mit dem CD-Player, dem Tageslicht-projektor oder einem anderen Gerät haben, erkläre kurz die Lage und bitte um ein wenig Geduld.

Fragen: Wenn Fragen aus dem Publikum kommen, gibt es zwei Möglichkeiten der Handhabung: Entweder du lässt die Fragen immer dann stellen, wenn sie auftreten oder du verweist auf die Möglichkeit einer offenen Fragerunde am Ende deines Referates.

Zeitplanung: Sage, wie lange dein Referat ungefähr dauern wird. So können sich die Zuhörer darauf einstellen und unnötige Unruhe wird vermieden.

Handout: Du kannst das Handout vor dem Referat als Orientierungshilfe austeilen. Die Zuhörer haben dann die Möglichkeit, eigene Notizen zu ergänzen. Wenn du dein Handout nach dem Referat als Zusammenfassung austeilst, solltest du deine Zuhörer zu Beginn darauf hinweisen, dass sie nicht mitschreiben müssen, weil ein Handout mit den wesentlichen Informationen noch folgt.

> *TIPP:*
> *Wenn du dich beim Reden stark auf dein Konzept konzentrieren musst, lass die auftauchenden Fragen erst am Ende deines Vortrages stellen, so dass du den roten Faden nicht verlierst.*

3

Ist es zu hell?	Est-ce qu'il fait trop clair ?
Soll ich die Rollos herunterlassen?	Vous voulez que je ferme les rideaux ?
Soll ich die Lichter dimmen?	Vous aimeriez que je réduise la lumière ?
Ist die Präsentation auch hinten noch gut zu erkennen?	Est-ce que les gens assis au fond voient aussi la présentation ?
Könnt ihr alle die Folie lesen?	Vous pouvez tous lire la feuille transparente ?
Hier vorne ist noch Platz. Vielleicht möchtet ihr noch etwas nach vorne kommen.	Il y a encore de la place devant. Voudriez-vous peut-être venir un peu plus près ?
Könnt ihr mich überall gut verstehen?	Vous me comprenez tous bien ?
Spreche ich laut genug?	Je parle assez fort ?
Einen kleinen Moment, bitte. Die Technik spielt uns einen Streich.	Un instant s'il vous plaît, la technique nous joue un tour.
Der CD-Spieler (der Videorekorder, der Computer) funktioniert nicht.	Le lecteur de CD (le magnétoscope, l'ordinateur)* ne marche pas.
Es läuft gerade leider etwas anders als geplant, aber vielleicht können wir erstmal mit ... weitermachen.	Les choses ne vont pas tout à fait comme prévu, mais peut-être pouvons-nous continuer avec...
Entschuldigung für die kurze Unterbrechung, es geht sofort weiter.	Je m'excuse pour la petite interruption, nous continuons tout de suite.

4

Unterbrecht mich ruhig, wenn etwas unklar sein sollte.	N'hésitez pas à m'interrompre si quelque chose n'est pas clair.
Meldet euch, wenn ihr eine Frage habt.	Faites-moi signe si vous avez une question.
Ihr könnt während der Präsentation jederzeit Fragen stellen.	Vous pouvez poser des questions à tout moment de la présentation.
Stellt Fragen immer gleich, wenn sie auftauchen.	Posez vos questions dès qu'elles vous viennent à l'esprit.
Ich beantworte eure Fragen am Ende des Referates.	Je répondrai à vos questions à la fin de l'exposé.
Es wird im Anschluss an die Präsentation genügend Zeit zur Diskussion geben.	A la fin de la présentation vous aurez assez de temps pour discuter.

*Zusätzliche Varianten für einzelne Sätze und Wendungen sind in Klammern angegeben.

Referate halten

Alles in allem wird die Präsentation ungefähr zwanzig Minuten in Anspruch nehmen.	La présentation durera environ vingt minutes en tout.
Das Referat wird ungefähr eine Stunde dauern.	La présentation durera environ une heure.
Es gibt ein Handout, das ich gleich austeile.	Il y a un script que je vais distribuer tout de suite.
Ich teile das Handout nach der Präsentation aus.	Je distribuerai le script après la présentation.
Ihr bekommt ein Handout, deshalb müsst ihr nicht mitschreiben.	Je vous donnerai un script, vous n'avez donc pas besoin de prendre de notes.

Wie steige ich in mein Thema ein?

Le thème du « Malade imaginaire » est la maladie qui n'en est pas une. J'espère que vous vous intéressez tous à la maladie, si cela n'est pas le cas, cela ne fait rien. Moi, cela ne m'intéresse pas, alors j'ai décidé de vous parler de quelques détails sur Molière avant que le cours ne se termine.

Nenne das Thema und erläutere es gegebenenfalls kurz, bevor du mit dem Hauptteil loslegst. Sprich die Zuhörer direkt an. Der Einstieg soll das Interesse der Zuhörer wecken und möglichst spannend sein. Dies kann man auf unterschiedliche Art und Weise erreichen:

Begründung: Begründe kurz, warum du dich für dieses Thema entschieden hast, oder erläutere, warum das Thema für die Zuhörer wichtig ist.

Beispiel: Ein anschauliches oder witziges Beispiel bietet dem Zuhörer einen Anknüpfungspunkt und erleichtert den Einstieg ins Thema. Die Verbindung zum Thema darf dabei nicht aus dem Blickfeld geraten. Beispiele sollten deshalb klar verständlich sein und direkt zum Thema führen.

Ziel und Schwerpunkte: Gib an, worauf du im Laufe deines Referates hinauswillst und welches Ziel du dir vorgenommen hast. Provokante Thesen können die Aufmerksamkeit des Publikums fesseln. Bei sehr weit gefassten Themen empfiehlt es sich, Inhalte einzugrenzen und zu klären, welche Schwerpunkte du legst.

TIPP:
Hilf den Zuhörern sich zu orientieren, indem du während deines Referates immer wieder Bezug auf deine Gliederung nimmst.

Aufbau: Erkläre in ein paar Stichworten, wie dein Referat aufgebaut ist. Dies schafft einen Überblick und informiert die Zuhörer darüber, was sie während des Vortrages erwartet. Zur besseren Orientierung kannst du den Aufbau auch auf einer Folie oder auf einem Handout darstellen.

Einleitung

Heute möchte ich über … sprechen.	Aujourd'hui, je voudrais parler de…
Heute werde ich über … sprechen.	Aujourd'hui, je vais parler de…
Das heutige Thema ist:	Le sujet d'aujourd'hui est…
Heute möchte ich mit euch ein interessantes (wichtiges, zentrales) Thema besprechen.	Aujourd'hui, je voudrais parler avec vous d'un sujet intéressant (important, central).
Ich möchte euch in dieser Präsentation mit einem Thema vertraut machen, das …	Dans cet exposé, je voudrais vous familiariser avec un sujet qui…
… klingt vielleicht zunächst etwas langweilig (altmodisch). Ich hoffe aber, euch im Verlauf der Präsentation vom Gegenteil überzeugen zu können.	… cela sonne peut-être un peu ennuyeux (démodé) au début. Mais j'espère pouvoir vous convaincre du contraire au cours de la présentation.
Mich hat an diesem Thema besonders fasziniert (gereizt, bewegt, interessiert), dass …	Ce qui m'a particulièrement fasciné (intéressé, ému), c'est…
Ich interessiere mich schon lange für …	Je m'intéresse déjà depuis longtemps à…
In letzter Zeit hat dieses Thema an Aktualität gewonnen.	Ce sujet a gagné en actualité ces derniers temps.
Immer wieder hören wir in den Medien …	Les médias en parlent encore et encore…
Es ist allgemein bekannt, dass …	Tout le monde sait que…
Was hat dieses Thema eigentlich mit uns zu tun?	En quoi est-ce que ce sujet nous concerne ?
Warum sollten wir eigentlich über dieses Thema sprechen?	Pourquoi est-ce qu'il faut que nous parlions de ce sujet ?
Ihr habt euch sicher schon einmal gefragt, …	Vous vous êtes sûrement déjà demandé…
Wie kommt es eigentlich, dass …	Comment se fait-il que…
Im Alltag begegnet uns immer wieder …	Au quotidien, nous avons à faire à…
Dies ist ein Beispiel für …	C'est un exemple de…
Das Ziel dieses Referates ist …	Le but de cet exposé est…
Ich möchte zeigen, dass …	Je voudrais montrer que…
Wir möchten belegen, dass …	Nous voulons prouver que…
Mein Ziel ist es zu erreichen, dass …	Mon but est d'arriver à…
Es ist wichtig über … zu informieren.	Il est important d'informer les gens sur…

Referate halten

Ich möchte euer Interesse wecken für ...	Je voudrais attirer votre attention sur...
Ich würde gerne einen bisher noch wenig bekannten Aspekt in den Vordergrund stellen.	J'aimerais mettre au premier plan un aspect jusque là peu connu.
Es gilt, Vorurteile gegen ... aus dem Weg zu räumen.	Il s'agit d'écarter tous les préjugés contre...
Ich hoffe, dass ihr am Ende dieses Referates ... mit anderen Augen sehen werdet.	J'espère que vous verrez d'un autre œil... à la fin de cet exposé.

6

Ich möchte euch nun meine Gliederung vorstellen.	Je voudrais vous présenter la structure de mon exposé.
Ich habe den Vortrag in vier Abschnitte gegliedert.	J'ai divisé l'exposé en quatre parties.
Ich werde in meinem Vortrag auf folgende Punkte eingehen:	Dans mon exposé, je vais parler des choses suivantes :
Mein Fokus liegt auf ...	Je me suis centré sur...
Ich setze folgende Schwerpunkte:	Je me concentre surtout sur les points suivants :
Zunächst werde ich auf ... zu sprechen kommen, dann sollen ... und ... folgen.	D'abord, je vais parler de... puis je traiterai de... pour aborder ensuite...
Zum Schluss werde ich ... ansprechen.	A la fin, je parlerai de...
Abschließend werde ich ... ansprechen.	En conclusion, je parlerai de...
An dieser Stelle wird Raum für Fragen (eine Diskussion) sein.	A ce moment-là, vous aurez l'occasion de poser des questions (de discuter).
Anschließend haben wir noch ausreichend Zeit darüber zu diskutieren.	A la fin de la présentation, il nous restera encore suffisamment de temps pour discuter.

3.2 Jetzt geht's um die Wurst – Der Hauptteil

Wie präsentiere ich Inhalte und stelle meine Argumente vor?

Comme je l'ai dit auparavant, je vais parler de Molière et ses pièces aujourd'hui. Je me suis dit que ce serait plus intéressant de ne pas parler de toutes les pièces les unes après les autres mais plutôt de faire un mélange. Et à la fin je vous laisserai deviner laquelle je viens de mentionner dans mon discours.

Nach der Begrüßung und der ersten Darstellung deines Themas geht es nun darum, die Hauptinhalte, zentrale Fragen oder Thesen deines Referates detailliert zu erläutern. Dabei ist es wichtig, die Kerngedanken deutlich zu machen und eine übersichtliche Struktur zu schaffen.

> **TIPP:**
> *Sprich in kurzen, einfachen Sätzen. Zu komplizierten Satzkonstruktionen kann man als Zuhörer nur schwer folgen.*

Kerngedanken: Überlege dir im Vorfeld gut, welche Kerngedanken deine Zuhörer aus deinem Referat mitnehmen sollen. Konzentriere dich dabei auf das Wesentliche, da zu viele Informationen verwirren und die Gefahr besteht, dass die Zuhörer abschalten.
Diese Auswahl ist eine der schwierigsten aber auch wichtigsten Aufgaben bei der Erstellung eines Referates: Durch die Wahl der Inhalte wird die Zielrichtung und der Schwerpunkt des Vortrages festgelegt. (vgl. Kap. 1.2, S. 10)

These aufstellen: Bei manchen Themenstellungen bietet es sich an, oder wird sogar erwartet, dass eine These formuliert wird. Eine These ist eine Behauptung, deren Richtigkeit noch zu klären ist. Es ist eine Aussage, über die es sich lohnt, länger nachzudenken und die durch verschiedene Argumente unterstützt oder entkräftet werden kann. Manchmal provoziert sie auch und steigert so das Interesse der Zuhörer. Findet sich bei der Vorbereitung eine solche These, kann der Aufbau des Hauptteiles durch die Abfolge von Pro- und Kontraargumenten gestaltet werden.

Reihenfolge: Lege eine Reihenfolge deiner ausgewählten Inhalte fest, die eine sinnvolle Struktur entstehen lässt. Bei historischen Themen ist es möglich, die Aspekte chronologisch zu ordnen. In anderen Fällen bietet es sich unter Umständen an, nach Themengebieten vorzugehen. Bei der Darstellung einer wissenschaftlichen Arbeit kann häufig die Struktur des Textes beibehalten werden. Wurde zu Beginn des Referates eine These aufgestellt, folgen nun die Pro- und Kontraargumente. Das Hauptargument ist am Ende eventuell besonders wirkungsvoll. (vgl. Kap. 5.2, S. 52)

> **TIPP:**
> *Schreibe die einzelnen inhaltlichen Aspekte auf Kärtchen und schiebe diese so lange hin und her, bis du die optimale Abfolge gefunden hast.*

Referate halten

Checkliste: Aufbau einzelner Argumente

- Sind meine Argumente klar formuliert?
- Erkläre ich meine Argumente ausreichend?
- Sind die Begründungen nachvollziehbar und schlüssig?
- Habe ich genügend Fakten, um meine Argumente zu stützen?
- Habe ich genügend Beispiele, um meine Argumente zu veranschaulichen?

7

Wir sehen deutlich, dass …	Nous voyons clairement que…
Folgender Gedanke ist zentral:	L'aspect suivant est un aspect central :
Wir gehen von folgender Grundlage aus:	Nous partons du fait suivant :
Dabei sind folgende Punkte besonders wichtig:	Dans ce contexte, les points suivants sont particulièrement importants :
Ein zentraler Aspekt ist …	Un aspect crucial est…
Zwei Aspekte möchte ich besonders betonen:	Je voudrais insister sur deux aspects en particulier.
Wichtige inhaltliche Punkte sind …	Les points importants sont…
Was ich damit sagen möchte, ist …	Ce que je veux dire par là, c'est que…
Es liegt auf der Hand, dass …	Il est évident que…
Hier ist eine klare Tendenz zu erkennen.	On reconnaît une tendance très nette.
Es liegt nahe, die Aussagen dahingehend zu interpretieren …	On peut interpréter ces propos de la façon suivante…
Im Gegensatz zur allgemeinen Meinung, zeichnet sich eine andere Entwicklung ab.	Contrairement à l'opinion générale, on observe une évolution différente.
In Anbetracht dieser Tatsachen …	Vu ces faits…
Es lässt sich trotzdem eine klare Entwicklung skizzieren …	Cependant on voit une évolution très nette…

8

Lasst uns zunächst von folgender Annahme ausgehen:	Partons du principe que…
Lasst mich zu Beginn folgende These aufstellen:	Laissez-moi formuler la thèse suivante :
Ich behaupte, dass …	J'affirme que…

Hauptteil

Folgende Hypothese werde ich in meinem Referat widerlegen:	Au cours de mon exposé je vais réfuter l'hypothèse suivante :
Lasst uns als Arbeitshypothese erst einmal annehmen, dass …	Admettons que…
Ich möchte beweisen, dass …	Je voudrais prouver que…
Ich möchte in meinen Ausführungen diese These mit neuen Argumenten stützen.	Durant ma présentation j'appuierai cette thèse sur de nouveaux arguments.
Zunächst gehen wir von der Vermutung aus, dass …	D'abord, supposons que…
Aufgrund der bisher dargestellten Aspekte, gehe ich davon aus, dass …	Vu les aspects présentés jusque là, je pars du principe que…
Der bisherige Stand der Forschung lässt vermuten …	Les résultats actuels de la recherche laissent supposer que…
Bisher wurde immer davon ausgegangen, dass …	Jusqu'à maintenant on a toujours supposé que…
Ich halte die bisherigen Annahmen für falsch, weil …	Je considère les thèses admises jusque là comme fausses parce que…
Ich möchte hiermit die These aufstellen …	Je voudrais affirmer la thèse suivante…
Ich glaube, dass die Entdeckungen der letzten Jahre eher darauf hinweisen, dass … als …	Je crois que les découvertes des dernières années prouvent plutôt… que…

9

Mein erstes Argument ist:	Mon premier argument est :
Der erste Punkt, den ich anführen möchte, ist:	Le premier point dont je voudrais vous parler est :
Zweitens …	Deuxièmement…
Und drittens sollte beachtet werden, dass …	Et troisièmement, nous devrions tenir compte de…
Zunächst einmal möchte ich zeigen, dass …	D'abord, je voudrais montrer que…
Ein weiteres Argument ist …	Un argument supplémentaire est…
Es muss aber auch erwähnt werden, dass …	Mais il faut aussi mentionner que…
Auch folgender Aspekt sollte nicht vergessen werden:	Il ne faut pas non plus oublier l'aspect suivant :
Des Weiteren …	De plus…

Außerdem ...	A part cela,...
Zudem ist wichtig, dass ...	De plus, il est important que...
Darüber hinaus sollte erwähnt werden, dass ...	Il faut aussi mentionner que...
Übrigens ...	Au fait,...
Nebenbei bemerkt ...	En outre,...
Am Rande sei auch erwähnt, dass ...	Mentionnons également en passant que...

Wie verknüpfte ich Inhalte und mache Zusammenhänge deutlich?

Eh bien, c'est une bonne question: quel est le fil conducteur de tout cela ? ... euh... eh bien, ce n'est pas moi qui ai structuré cela... Moi aussi, j'ai trouvé cela un peu bizarre mais j'avais espéré que vous, vous comprendriez...

Von Beginn deines Referates an sollte klar sein, wie die verschiedenen Aspekte miteinander zusammenhängen und wo die Verbindungen sind.

Gliederung transparent machen: Baue kleine Orientierungshilfen in dein Referat ein. Verweise immer wieder auf die Gliederung, lege bei Bedarf zwischendurch erneut die Gliederung auf Folie auf und mache so den roten Faden deutlich. Wenn du für die einzelnen Punkte einprägsame Überschriften findest, ist es sehr leicht, allein durch den Verweis auf eine dieser Überschriften deutlich zu machen, wo du dich befindest.

Übergänge gestalten: Zwischen den Informationsblöcken sollten kurze Zusammenfassungen des bereits Gesagten geliefert werden. Diese Zwischenfazits geben dem Zuhörer eine gewisse Sicherheit, die Inhalte wirklich verstanden zu haben und deuten an, dass man sich nun einem neuen Punkt zuwenden kann. Dieser neue Aspekt sollte ebenfalls durch eine kurze Ankündigung eingeleitet werden; das schafft weitere Orientierung.

Auf einen vorhergehenden Punkt verweisen: Sollten zwischen den einzelnen Aspekten Parallelen zu finden sein und sich Sachverhalte in ihrer Struktur ähneln, ist das eine wichtige Information für deine Zuhörer. Verweise deshalb auf diese Verbindungen und beziehe dich auf bereits genannte Punkte.

Hauptteil

10

Ich komme nun zu Punkt …	Venons-en maintenant au point…
Damit möchte ich überleiten zu …	Je voudrais en venir à…
Wir haben nun bereits die ersten drei Aspekte betrachtet.	Nous avons déjà abordé les trois premiers aspects.
Diese Themen sind wichtig für den nächsten Punkt.	Ces thèmes sont importants pour le prochain point.
Verbunden damit ist auch der nächste Bereich.	Le domaine suivant est aussi en rapport avec cela.

11

Bevor ich auf … eingehe, möchte ich kurz festhalten …	Avant d'aborder…, je voudrais résumer brièvement…
An dieser Stelle kann folgendes Zwischenfazit gezogen werden:	Nous pouvons désormais tirer les conclusions suivantes :
Dies hat zur Folge …	Ceci a pour conséquence…
Auf der einen Seite … auf der anderen Seite …	D'une part…, d'autre part…
Jedoch …	Cependant…
Nichtsdestotrotz …	Néanmoins…
Soweit also zu …	Voilà en ce qui concerne…
Was … angeht, verhält es sich ähnlich (anders) …	En ce qui concerne…, c'est tout à fait différent
Es lässt sich natürlich auch anführen, dass …	On peut aussi mentionner que…
Andererseits ist festzuhalten, dass …	D'autre part, on voit que…
Das bringt mich auf einen anderen Aspekt.	Ceci me conduit à un autre aspect.
Dies führt mich zu meinem nächsten Punkt.	Ceci m'amène à mon point suivant.
Ein weiterer wichtiger Punkt ist der Folgende:	Un autre point important est le suivant :
An dieser Stelle ist es auch interessant, dass …	Ici, il est aussi intéressant de…
Dabei sollte man auch beachten, dass …	Dans ce contexte, nous devrions tenir compte de…
Dabei darf nicht fehlen …	Dans ce contexte, il ne faut pas omettre de parler de…
Gerne wird gesagt, dass …	Souvent, on dit que…

Referate halten

Hier aber gilt ...	Mais dans ce cas,...
Dies ist zwar grundsätzlich richtig, aber ...	En général, c'est correct, mais...
Es sollte ebenfalls erwähnt werden ...	Il faut aussi mentionner...
Ganz ähnlich verhält es sich mit ...	Une situation similaire est...
Ganz anders verhält es sich mit ...	... est une situation complètement différente.

12

Hier kann eine Parallele zu ... festgestellt werden.	Ici, on peut tirer un parallèle avec...
Dies erinnert an den vorherigen Punkt, der sich mit ... beschäftigte.	Ceci rappelle le point précédent qui traitait de...
Wie ich bereist erwähnte ...	Comme je l'ai déjà mentionné...
Dieser Punkt ist zu Anfang schon einmal diskutiert worden.	Ce point a déjà été discuté au début.
Um nochmals auf ... zurückzukommen:	Pour en revenir à...
Und jetzt werden die anfangs erwähnten Punkte wieder wichtig.	Ici, les points mentionnés au début reprennent de l'importance.
Das scheint im Gegensatz zu meiner eingangs genannten These zu stehen.	Ceci semble contredire ma thèse de départ.
Vielleicht fragt ihr euch jetzt, hat er nicht gerade etwas ganz anderes behauptet?	Peut-être vous demandez-vous maintenant si je ne viens pas d'affirmer exactement le contraire ?
Ich kann euch versichern, dass dies kein Widerspruch zu ... ist.	Je peux vous assurer que ce n'est pas en contradiction avec...
Nach dieser gründlichen Überprüfung und Abwägung der Argumente kann die Eingangshypothese nicht aufrechterhalten werden.	Après cet examen approfondi et après avoir pesé les arguments, nous ne pouvons pas maintenir notre thèse de départ.
Dies spricht für die anfangs aufgestellte These.	Ceci parle en la faveur de la thèse de départ.
Damit ist unsere These bewiesen.	Cela prouve que notre théorie est correcte.

Wie baue ich Beispiele, Zahlen und Fakten ein?

Molière… euh… Je crois qu'il est né…, euh…, environ au…, euh…, peut-être au XVIe siècle ? Enfin bon, cela fait un moment, c'est sûr.

Deine Thesen, Argumente und Ausführungen können erst dann wirklich überzeugen, wenn sie durch Beispiele, Zahlen und Fakten veranschaulicht und untermauert werden. Achte darauf, diese Information an den entsprechenden Stellen sinnvoll und im Zusammenhang in dein Referat einzubauen. Mache auch deutlich, was ein Schaubild zeigen und belegen soll. Behalte deinen Schwerpunkt im Auge und verliere dich nicht in Zusatzinformationen, die keinen wesentlichen Beitrag zum Hauptthema liefern.

Je nach Thema müssen unterschiedliche Informationen präsentiert werden:

Biografische Daten werden in chronologischer Reihenfolge präsentiert. Konzentriere dich auf wesentliche Eckdaten und beleuchte auch das geschichtliche Umfeld. Eventuell bietet sich ein Vergleich mit einer anderen historischen Person an.

Historische Ereignisse sollten in Bezug zum geschichtlichen Gesamtgeschehen gesetzt werden. Vergleiche beispielsweise die Entwicklung des von dir dargestellten Phänomens mit anderen Ländern und weise auf Zusammenhänge hin. Auch ein Vergleich mit der heutigen Zeit kann für viele Zuhörer das Verständnis erleichtern.

> *TIPP:*
> *Bilder der vorgestellten Personen und kurze Anekdoten aus ihrem Leben machen den Vortrag anschaulich.*

Zahlen und Fakten lassen sich ebenfalls gut vergleichen, um ihre Bedeutung zu verdeutlichen. Es hilft den Zuhörern, wenn du Zahlen in Relation setzt und Vergleichsgrößen bietest.

Statistiken lassen sich in Diagrammen anschaulich darstellen. Besonders komplexe Zusammenhänge solltest du auf jeden Fall visualisieren und erklären. Allerdings darfst du auch hier die Zuhörer nicht überfordern: Schaubilder sollten so einfach und übersichtlich wie möglich sein.

> *TIPP:*
> *Gib den Zuhörern genug Zeit, ein Schaubild zu betrachten und zu verstehen. Für sie ist das Schaubild neu!*

Checkliste: Umgang mit Beispielen, Zahlen und Fakten ✓

- Habe ich für alle meine Ausführungen auch Belege?
- Reichen die Belege aus, um meine These zu stützen?
- Kenne ich die Quelle und habe ich sie angegeben (z. B. auf dem Handout)?
- Handelt es sich um eine verlässliche Quelle?
- Ist alles verständlich und klar dargestellt? Habe ich komplexere Zusammenhänge visualisiert?
- Ist die Fülle an Zahlen meinen Zuhörern noch zuzumuten?

13

Dieses Beispiel zeigt, dass ...	Cet exemple montre que...
An diesem Beispiel sehen wir ...	Cet exemple illustre...
Ein gutes Beispiel dafür ist ...	Un bon exemple pour cela est...
Ich möchte ein paar Bespiele nennen ...	J'aimerais citer quelques exemples...
Lasst mich dies an einem kurzen Beispiel verdeutlichen.	Laissez-moi illustrer cela par un exemple...
Es gab beispielsweise einen Fall ...	Il y avait par exemple un cas...
Vielleicht wird dies durch folgendes Beispiel klarer:	Peut-être que cela sera plus clair avec un exemple :

14

[Philippe Martin] wurde im Jahr ... in ... geboren.	[Philippe Martin]* est né en...
[Philippe Martin] starb im Jahr ... in ...	[Philippe Martin] est mort en...
Ich werde einige biographische Eckdaten zu ... nennen.	Je vais vous citer quelques faits biographiques sur...
Ich werde einen Überblick über den Lebenslauf von [Philippe Martin] geben.	Je vais vous donner un aperçu de la vie de [Philippe Martin].
Im selben Jahr ...	La même année...
Dieses Ereignis war besonders prägend für ...	Cet incident fut particulièrement important pour...
Sein Lebensziel war es ...	Son but dans la vie était de...

* Elemente in eckigen Klammern (z. B. Eigennamen) sind in den Wortlisten nur als Beispiel angegeben und können beliebig ausgetauscht werden.

15

Im Jahr ...	En...
Die Situation sah folgendermaßen aus:	La situation était la suivante :
Im Jahr ... war die Situation besonders schwierig (günstig).	En... la situation était particulièrement difficile (favorable).
Viele Faktoren beeinflussten ...	De nombreux facteurs influencèrent...
Die Gründe für diese Entwicklung waren vielfältig.	Les raisons de cette évolution étaient variées.
Auch in anderen Ländern ...	Dans d'autres pays également...
Anders als heute gab es damals ...	Contrairement à aujourd'hui, il y avait autrefois...
Wenn wir die Situation mit der heutigen vergleichen, erkennen wir, dass ...	Si nous comparons la situation d'autrefois avec la situation actuelle, nous verrons que...

16

Ein paar Zahlen werden diese Befunde verdeutlichen.	Quelques chiffres vont illustrer ces résultats.
Die Zahl beträgt ...	Le nombre est de...
Diese Zahl ist doppelt so hoch wie ...	Ce chiffre est deux fois plus élevé que...
Dieser Wert lässt sich vergleichen mit ...	On peut comparer cette valeur à...
Diese Größe ist vergleichbar mit ...	Cette quantité est comparable avec...
Die Zahl hat sich in zwei Jahren verdreifacht.	Le chiffre a triplé en deux ans.
Das sind so viele wie ...	Cela fait autant que...
Das sind weniger als ...	Cela fait moins que...

17

Hier seht ihr ...	Ici vous voyez...
das Tortendiagramm / das Säulendiagramm / das Liniendiagramm	le camembert / le diagramme en bâtons / le diagramme en arbre
Diese Statistik belegt ...	Cette statistique prouve que...
Dieses Schaubild zeigt, dass ...	Ce diagramme montre que...
ein Viertel / die Hälfte / ein Drittel / dreiviertel	un quart / la moitié / un tiers / trois-quarts

23% der Menschen in [Paris] sind ...	23% des [Parisiens] sont...
[Strasbourg] hat einen niedrigeren Prozentsatz an ... als [Paris].	[Strasbourg] a un plus bas pourcentage de... que [Paris].
Der Prozentsatz von ... in ... ist höher als im nationalen Durchschnitt.	Le pourcentage de... à... est plus élevé que la moyenne nationale.
Ich möchte euch einige genaue Statistiken zeigen:	Je voudrais vous montrer quelques statistiques détaillées.
Das Diagramm zeigt die ausgeprägte Tendenz an ...	Le diagramme montre une tendance très nette en...
Ich möchte euch besonders auf diese Graphik aufmerksam machen.	Je voudrais attirer votre attention sur ce graphique.
Im Jahr 2004 lässt sich eine eindeutige Steigerung (ein steiler Abfall) feststellen.	En 2004, on a constaté une hausse considérable (une baisse rapide).
An der Kurve kann man erkennen, wie der Verbrauch immer mehr ansteigt (absinkt).	La courbe nous indique comment la consommation augmente toujours plus (diminue).
Wenn man die Graphiken von 1998 und 2008 vergleicht, so kann man sehen, dass ...	Si nous comparons les graphiques de 1998 et de 2008, nous constatons que...
Das ausgeglichene Verhältnis zwischen den grünen und roten Balken legt nahe, dass ...	Le rapport équilibré entre le bâton vert et le bâton rouge incite à penser que...
Das Ermutigende (Besorgniserregende) hier ist ...	Ce qui est encourageant (inquiétant) ici, c'est que...
Die Zahlen sprechen hier eine eindeutige Sprache.	Ces chiffres sont clairs et nets.

18

Grundlage für meine Überlegungen sind folgende Autoren:	J'ai fondé mes réflexions sur les auteurs suivants :
Ich stütze mich hierbei auf ...	Ici, je m'appuie sur...
Die wichtigste Quelle für mein Referat ist ...	La principale source de mon exposé est...
Als Quelle für mein Referat diente ...	L'une des sources de mon exposé a été...
Die Statistiken wurden von ... erstellt.	Les statistiques ont été calculées par...
An dieser Stelle möchte ich auf die Untersuchung von [Philippe Martin] hinweisen.	Je voudrais ici faire allusion à l'expérience de [Philippe Martin].

Wie gebe ich Meinungen an und zitiere Experten?

Il y a un homme qui pense que cet autre homme ayant écrit quelque chose sur les pièces de Molière s'est complètement trompé et qu'en fait seule cette autre critique littéraire avait vraiment compris le sens des pièces.

Mache es sprachlich deutlich, wenn du nicht deine eigene Meinung, sondern die Meinung Anderer wiedergibst. Zitiere nur seriöse Wissenschaftler und Forscher, deren Meinung in der Fachwelt Gewicht hat. Wenn du wörtlich zitierst, musst du unbedingt den Namen des Autors nennen. Ein Vortrag wird spannender, wenn du Experten aus verschiedenen Lagern zu Wort kommen lässt, die du gegeneinander stellst und diskutierst.

TIPP:
Mache dich darauf gefasst, dass Nachfragen zu den von dir genannten Namen kommen. Die wichtigsten Dinge solltest du also über diese Personen wissen.

Übertreibe es aber nicht mit fremden Meinungen: Schließlich soll es ein von dir persönlich gestalteter Vortrag sein, in dem vor allem du selbst zu Wort kommst. Du kannst auch Stimmungen in der Gesellschaft beschreiben oder landläufige Meinungen aufgreifen, um an diese anzuknüpfen oder sie zu widerlegen.

19

[Philippe Martin] vertritt die Meinung, dass ...	[Philippe Martin] est d'avis que...
Laut [Philippe Martin] ...	Selon [Philippe Martin],...
[Philippe Martin] zufolge ...	D'après [Philippe Martin],...
[Philippe Martin] meint ...	[Philippe Martin] pense...
[Philippe Martin] vermutet ...	[Philippe Martin] suppose...
[Philippe Martin] ist der Auffassung ...	[Philippe Martin] est d'avis que...
[Philippe Martin] plädiert für (gegen) ...	[Philippe Martin] plaide en faveur de (contre)...
[Philippe Martin] behauptet:	[Philippe Martin] affirme :
Wie die Ministerin verlautbaren ließ ...	Comme la ministre laissa supposer...
[Philippe Martin] weist immer wieder darauf hin, dass ...	[Philippe Martin] insiste toujours sur le fait que...
In seinem Aufsatz (Buch, Veröffentlichung) [*Les Français*] weist [Philippe Martin] bereits darauf hin ...	Dans son article (livre, publication) [*Les Français*], [Philippe Martin] a déjà fait remarquer que...

Referate halten

In diesem Zusammenhang möchte ich folgende Aussage von [Philippe Martin] zitieren:	Dans ce contexte, je voudrais citer les paroles de [Philippe Martin] :
Dazu hat [Philippe Martin] folgendes gesagt:	Dans ce contexte [Philippe Martin] a déclaré :
Auch [Philippe Martin] stellt in seinen Veröffentlichungen wiederholt diese These auf.	Même [Philippe Martin] répète cette thèse dans ses publications.
Im Leitartikel der *Figaro* vom 14.02.2008 wird ein wichtiger Aspekt angesprochen.	Dans l'éditorial du *Figaro* du 14.02.2008, un aspect important est abordé.
[Philippe Martin] macht diese Beobachtung zum ersten Mal im Jahr 1996.	[Philippe Martin] a fait cette observation pour la première fois en 1996.
Auf Seite 26 des Buches [*Les Français*] von [Philippe Martin] aus dem Jahr 2003 finden wir folgende Bemerkung:	Page 26 du livre de [Philippe Martin] [*Les Français*] de 2003, on trouve le commentaire suivant :
Dem widerspricht völlig ...	Ceci contredit totalement...
Im Gegensatz zu dem, was [Philippe Martin] in seinem Aufsatz [*Les Français*] behauptet, ...	Contrairement à ce que [Philippe Martin] affirme dans son article [*Les Français*],...
Hiermit darf die These von [Philippe Martin] als widerlegt gelten.	Ceci nous permet de réfuter la thèse de [Philippe Martin].
Eine unbelegte Behauptung, die von [Philippe Martin] in den Medien immer wieder verbreitet wird, ...	Une supposition non prouvée de [Philippe Martin] qui est toujours répandue par les médias...

20

Es wird allgemein angenommen (vermutet) ...	En général on admet (suppose) que...
Es kann kein Zweifel bestehen, dass ...	Il n'y a aucun doute sur le fait que...
Viele glauben ...	Beaucoup de gens croient...
Oft wird gesagt, dass ...	On dit souvent que...
Die öffentliche Meinung ist gegen (für) ...	L'opinion publique est contre (pour)...
Die Mehrheit (Minderheit) vertritt die Ansicht, dass ...	La majorité (une minorité) considère que...
Die Stimmung ist aufgeheizt (kühl, freundlich).	L'atmosphère est échauffée (froide, agréable).
Es herrscht eine starke Tendenz, dies so zu sehen.	Une forte tendance à voir cela de cette manière domine.
In wissenschaftlichen (informierten, politischen) Kreisen geht man davon aus ...	Dans les milieux scientifiques (informés, politiques), on part du principe que...

Wie formuliere ich meine persönliche Stellungnahme?

Ne me demandez pas ce que je pense de cela. Je n'ai lu aucune des pièces de Molière.

Die persönliche Stellungnahme ist nicht immer unbedingt notwendig, kann aber dazu dienen, dem Vortrag eine eigene Note zu verleihen. Auch die Zuhörer zeigen in der Regel ein starkes Interesse an der Meinung des Vortragenden. Die persönliche Stellungnahme bietet sich besonders als Anknüpfungspunkt für Diskussionen an, in die das Publikum einbezogen werden soll.

Wenn du deine eigenen Gedanken und Ansichten zu einem Thema darlegen willst, mache deutlich, dass du jetzt deine eigene Position beschreibst. Achte darauf, dass sich deine Stellungnahme schlüssig aus den vorangegangenen Ausführungen ergibt und keine neuen Unklarheiten aufwirft. Begründe deine Position und nimm dabei vergleichend oder distanzierend Bezug auf zuvor genannte Argumente und Meinungen.

21

Meiner Meinung nach ...	A mon avis...
Ich glaube ...	Je crois...
Ich vermute ...	Je suppose...
Meines Erachtens ...	D'après moi...
Ich bin der Ansicht, dass ...	Je suis d'avis que...
Wir sind der Meinung, dass ...	Nous pensons que...
Wir sind der Auffassung, dass ...	Nous sommes d'avis que...
Was mich betrifft ...	En ce qui me concerne...
Es steht für mich unzweifelhaft fest ...	Pour moi il n'y a aucun doute sur...
Ich halte es für sehr wahrscheinlich ...	Je considère comme très vraisemblable que...
Ähnlich wie [Philippe Martin] denke ich, dass ...	Comme [Philippe Martin], je pense que...
Ich kann mich der Meinung von [Philippe Martin] anschließen.	Je ne peux que me ranger aux côtés de [Philippe Martin].
Besonders überzeugend finde ich ...	Je trouve... particulièrement convaincant.
Dem kann ich unbedingt zustimmen.	Je ne peux qu'être d'accord avec cela.
Ich habe große Zweifel, ob ...	Je doute vraiment que...
Ich persönlich halte das für diskussionswürdig.	Personnellement, je trouve que cela vaut la peine d'être discuté.
Das Argument überzeugt mich nicht, weil ...	Cet argument ne me convainc pas car...
Im Gegensatz zu [Philippe Martin] bin ich der Meinung, dass ...	Contrairement à [Philippe Martin], je pense que...

3.3 Ende gut, alles gut – Der Schluss

Wie fasse ich die Hauptpunkte zusammen?

J'espère que vous n'allez pas oublier toutes ces choses intéressantes sur Molière. Peut-être que je devrais tout vous répéter depuis le début – juste pour en être sûr.

> **TIPP:**
> *Baue am Ende keine völlig neuen Gedanken und Argumente ein.*

Der Schluss ist nicht nur ein Anhängsel, sondern auch das Finale deines Vortrags. Dieses Finale gilt es, möglichst kurz, prägnant und eindrücklich zu gestalten. Ziehe den Schluss nicht unnötig in die Länge – vor allem dann nicht, wenn du das Ende bereits angekündigt hast.

Versuche also nicht, sämtliche Argumente in Kurzform wiederzugeben, sondern zähle die wichtigsten Hauptpunkte deines Referates auf. Es könnte sich beispielsweise anbieten, dein Hauptargument in zugespitzter Form noch einmal auf den Punkt zu bringen. Ein Fazit oder eine Bewertung der Befunde sind weitere Möglichkeiten, um den inhaltlichen Teil des Referates abzuschließen und die einzelnen Aspekte zu bündeln.

22

Lasst mich das Wesentliche noch einmal zusammenfassen.	Laissez-moi résumer le tout.
Ganz wichtig ist hier, dass ...	Ici, il est très important que...
Zusammenfassend lässt sich sagen, dass ...	En résumé, on peut dire que...
Abschließend möchte ich ...	En conclusion je voudrais...
Nach sorgfältiger Abwägung der Argumente ...	Après avoir bien pesé les arguments...
Ich komme zu folgendem Schluss:	J'en arrive à la conclusion suivante :
Ich ziehe folgendes Fazit:	J'en tire la conclusion suivante :
Als Konsequenz aus meinen Ausführungen ergibt sich für mich ...	En conséquence de mes arguments, on peut dire que...
Lasst mich nun zu einer Bewertung kommen:	Venons-en maintenant à mon évaluation.

Wie beende ich die Präsentation?

OK. Voilà. A plus.

Genauso wichtig wie eine freundliche Begrüßung ist auch ein gelungener Abschluss, der deutlich signalisiert, dass dein Referat beendet ist. Vergiss vor Erleichterung über den erfolgreich gehaltenen Vortrag nicht, dich angemessen bei deinen Zuhörern für die Aufmerksamkeit zu bedanken oder mit einem höflichen, an die Zuhörer gerichteten Schlusssatz, das Referat offiziell zu beenden.

23

Ich bedanke mich für eure Aufmerksamkeit.	Je vous remercie de votre attention.
Vielen Dank fürs Zuhören.	Merci de m'avoir écouté.
Damit bin ich am Ende meines Vortrages angekommen.	Me voici arrivé à la fin de mon exposé.
Ich hoffe, das war hilfreich.	J'espère que cela aura été utile.
Ich hoffe, euch Denkanstöße (Diskussionsstoff) gegeben zu haben.	J'espère vous avoir donné de quoi discuter.
Ich hoffe, dass ich eine neue Sichtweise auf die Dinge vermitteln konnte.	J'espère avoir pu vous transmettre une vue différente des choses.
Ich hoffe, dass ich euch dieses Thema unter einem neuen Blickwinkel präsentieren konnte.	J'espère vous avoir présenté ce sujet sous un angle nouveau.

Wie rege ich Fragen an und gehe mit ihnen um?

S'il vous plaît, ne me posez-pas de questions sur Molière. Je vous ai déjà dit tout ce que je savais.

Gib den Zuhörern am Ende auf jeden Fall die Gelegenheit, Fragen zu stellen. So hast du die Möglichkeit, Unklarheiten zu beseitigen und vertieft auf bestimmte Sachverhalte einzugehen.

Verständnisfragen: Zunächst sollten Verständnisfragen geklärt werden, damit jeder genau weiß, was gemeint ist. Lege gegebenenfalls eine Folie ein zweites Mal auf, um eine Problematik zu erläutern.

Weiterführende Fragen: Du solltest darauf gefasst sein, dass auch Fragen zu Themen kommen, die du in deinem Referat nur am Rande angeschnitten hast, oder dass tiefer gehende

> *TIPP:*
> *Gib zu, wenn du auf eine Frage keine Antwort weißt und biete an, die Antwort herauszufinden und nachzureichen.*

Referate halten

Erklärungen von dir erbeten werden. Es ist deshalb ratsam, möglichst viele Details zu kennen und sich die Zusammenhänge und Verbindungen zu verwandten Themen bereits im Vorfeld klar zu machen. Achte aber darauf, sehr spezielle Fragen Einzelner nicht zu ausführlich zu beantworten, um die übrigen Zuhörer nicht zu langweilen. Verweise eventuell auf Literatur, die sich näher mit diesem Thema befasst.

Diskussion: In manchen Fällen bietet sich eine Diskussion am Ende eines Referates an. Die bis dahin passiven Zuhörer erhalten die Möglichkeit, sich aktiv zu beteiligen, du dagegen solltest dich nun zurücknehmen und in die Rolle des Moderators schlüpfen. Deine Aufgabe ist es, die genannten Argumente und Stellungnahmen immer wieder zu bündeln, Dinge auf den Punkt zu bringen und durch geschickte Fragen die Diskussion am Laufen zu halten. Zur Diskussionsleitung beachte bitte auch Kap. 6.1, S. 70.

24

Gibt es dazu Fragen?	Est-ce qu'il y a des questions ?
Ist noch etwas unklar?	Est-ce que tout est clair ?
Für Fragen stehe ich gerne zur Verfügung.	Je suis à votre disposition pour des questions.
Falls es Fragen gibt, könnt ihr diese jederzeit stellen.	Si vous avez des questions, vous pouvez les poser à tout moment.
Bitte scheut euch nicht zu fragen.	S'il vous plaît n'hésitez pas à demander.
Eine ausführlichere Beantwortung der Frage würde etwas zu weit führen.	Une réponse détaillée à cette question nous mènerait trop loin.
Wenn ihr euch näher mit diesem Thema beschäftigen wollt, kann ich euch folgende Literatur empfehlen:	Si vous désirez approfondir le sujet, je peux vous conseiller la littérature suivante :
Diese Frage würde ich gerne ins Plenum zurückgeben.	Je voudrais lancer cette question au public.
Hiermit möchte ich die Diskussion eröffnen.	C'est par là que je voudrais démarrer la discussion.

4. Übung macht den Meister

4.1 Übungen zum Inhalt

Informationen finden und notieren

William Shakespeare

1 Shakespeare, « Le poète ». (c'est ainsi qu'on le nomme) est considéré comme l'un des plus grands écrivains de tous les temps. Son influence sur les productions théâtrales et la littérature future a été considérable. Bien que nous sachions beaucoup de choses sur sa vie, certains détails restent inconnus.
2 William Shakespeare est né à Stratford sur Avon en 1564. Ses parents étaient John Shakespeare et Mary Arden. Il a grandi à Stratford et à l'âge de 18 ans, il s'est marié avec Anne Hathaway. Le mariage a été arrangé à la hâte, étant donné qu'Anne était enceinte.
3 On ne sait pas exactement quand Shakespeare a commencé à écrire. Tout ce que nous savons, c'est que ses pièces ont été jouées sur scène à Londres aux alentours de 1592. Shakespeare faisait partie de la troupe d'acteurs des hommes de Lord Chamberlain. En 1599 on a construit un théâtre avec lequel Shakespeare était associé étroitement: The Globe. Une de ses premières pièces a été la comédie « A Midsummer Night's Dream ». Au début du XVIIe siècle il a écrit quelques-unes de ses tragédies les plus célèbres : « Hamlet », « King Lear » and « Macbeth ».
4 Shakespeare est mort en tant qu'homme riche à Stratford en 1616 et a été enterré là-bas dans l'Eglise de la Sainte-Trinité. Ses pièces, cependant, ne sont pas mortes avec lui. Son œuvre n'était pas seulement constituée de presque quarante pièces, mais aussi de poésie : Shakespeare a écrit 154 sonnets, deux poèmes narratifs et de nombreux autres poèmes. Beaucoup d'autres auteurs ont été plus tard influencés par Shakespeare : ils ont utilisé ses œuvres ou copié ses thèmes et son style. Shakespeare a eu une influence durable sur les écrivains, les musiciens et les peintres. Même Sigmund Freud, le psychanalyste, a fait appel à Hamlet pour soutenir ses théories sur la nature humaine. Aujourd'hui, l'œuvre de Shakespeare est régulièrement adaptée, jouée et réinterprétée à travers le monde entier.

1 Ordne die Überschriften den einzelnen **Abschnitten im Text** zu!

- ☐ a) L'influence de Shakespeare
- ☐ b) Introduction
- ☐ c) Shakespeare et le théâtre
- ☐ d) La jeunesse de Shakespeare

Referate halten

2 Welche der folgenden **Fakten** über Shakespeare sind richtig? Welche sind falsch? Kreuze an!

	richtig	falsch
a) Shakespeare s'est marié en hâte car Anne était mineure.	☐	☐
b) Shakespeare était un écrivain célèbre.	☐	☐
c) Shakespeare était un homme riche quand il est mort.	☐	☐
d) Shakespeare a commencé à écrire en 1592.	☐	☐
e) Shakespeare a écrit des pièces et des poèmes.	☐	☐
f) Shakespeare a écrit plus de soixante pièces.	☐	☐

3 Kreuze sieben der folgenden Wörter und Ausdrücke an, die du auf eine Karteikarte schreiben würdest, wenn du den Inhalt des Textes knapp wiedergeben müsstest!

- ☐ a) Stratford sur Avon en 1564
- ☐ b) a grandi
- ☐ c) s'est marié avec Anne Hathaway
- ☐ d) hâte
- ☐ e) troupe d'acteurs (hommes de Lord Chamberlain)
- ☐ f) théâtre
- ☐ g) The Globe
- ☐ h) a été enterré
- ☐ i) influence sur les thèmes et le style
- ☐ j) impression sur les écrivains, musiciens, peintres
- ☐ k) Freud (Hamlet : la nature humaine)
- ☐ l) théories

4 Ordne die oben gefunden Stichwörter und Wendungen den Oberbegriffen zu!

1) La vie de Shakespeare	2) Shakespeare et le théâtre	3) L'influence de Shakespeare
________	________	________
________	________	________
________	________	________
________	________	________

Bibliographie erstellen

5 Ordne die Angaben auf der linken Seite ihren entsprechenden Bedeutungen auf der rechten Seite zu! Erstelle dann eine vollständige bibliographische Angabe!

a) ☐ PONS
b) ☐ Stuttgart: 2008.
c) ☐ *Shakespeare. Le plus grand des écrivains.*
d) ☐ Martin, Philippe
e) ☐ S.12ff.

1) Ort und Jahreszahl
2) Titel
3) Autor
4) Seitenangabe
5) Verlag

____

4.2 Übungen zum Wortschatz

Die Einleitung

1 Welche der folgenden Wendungen eignen sich zur **Begrüßung** von Zuhörern in einer Klasse? Kreuze diese an!

☐ a) Bonjour, tout le monde.
☐ b) Mesdames et messieurs…
☐ c) Chers camarades de classe…
☐ d) Salut…
☐ e) Chers étudiants…
☐ f) Je suis content que vous ayez tous réussi.
☐ g) Je voudrais vous souhaiter la bienvenue.
☐ h) Au moins, vous n'êtes pas en retard.
☐ i) Heureux de tous vous voir ce matin.
☐ j) Je suis heureux de vous accueillir aussi nombreux…

2 Welche der folgenden Wendungen können Vortragende dazu verwenden, sich und ihren Mitreferenten den **Zuhörern vorzustellen**? Kreuze diese an!

☐ a) Laissez-moi me présenter brièvement.
☐ b) Mes loisirs sont…
☐ c) Aujourd'hui,… est avec moi.
☐ d) Je suis étudiant en troisième semestre.
☐ e) Nous avons préparé cette présentation ensemble.
☐ f) Je suis…
☐ g) Mon anniversaire est en mai.
☐ h) Mon nom est…
☐ i) Je vous présente…
☐ j) Je ne le connais pas.

3 Zu Beginn deines Referates gibt es kleine **technische und organisatorische Probleme**. Wie reagierst du in welcher Situation? Finde die passende Wendung und trage den entsprechenden Buchstaben in der linken Spalte ein!

1) ☐	Es ist zu hell, um die Folie optimal lesen zu können.	a)	Je m'excuse pour cette petite interruption, nous pouvons continuer dans une seconde.
2) ☐	Der CD-Player scheint nicht zu funktionieren.	b)	Il reste de la place devant. Peut-être que vous voulez vous avancer un peu.
3) ☐	Hinten müssen die Zuhörer bereits stehen, doch vorne ist noch genügend Platz.	c)	Un instant, s'il vous plaît. Le matériel est en train de démarrer.
4) ☐	Du bist dir nicht sicher, ob du auch überall verstanden wirst.	d)	Vous voulez que je ferme les rideaux ?
5) ☐	Die Lampe des Tageslichtprojektors muss gewechselt werden.	e)	Je parle assez fort ?

4 Es ist wichtig, deinen Zuhörern einige **organisatorische Details** mitzuteilen; zum Beispiel, wann Fragen gestellt werden können oder ob es ein Handout geben wird. Setze die passenden Verben in die Lücken ein, so dass die Sätze Sinn ergeben!

levez posez n'hésitez pas restera durera
distribuer répondrai

1) S'il vous plaît ____________________ à m'interrompre si quelque chose n'est pas clair.
2) Il ____________________ beaucoup de temps pour une discussion à la fin de l'exposé.
3) Je vais ____________________ le script après l'exposé.
4) L'exposé ____________________ environ vingt minutes.
5) S'il vous plaît ____________________ vos questions aussitôt qu'elles vous viennent à l'esprit.
6) Je ____________________ à vos questions à la fin de mon exposé.
7) ____________________ la main si vous avez une question.

5 Die folgenden Wendungen können alle zur **Einleitung deines Themas** verwendet werden. Verbinde jene, die eine ähnliche Bedeutung haben und trage den entsprechenden Buchstaben in der linken Spalte ein!

1) ☐	Aujourd'hui, je voudrais parler de…	a) Pourquoi devons-nous absolument parler de ce sujet ?
2) ☐	Aujourd'hui, je veux vous présenter un sujet intéressant.	b) Je veux prouver que…
3) ☐	En quoi est-ce que ce sujet nous concerne ?	c) Dans cet exposé je voudrais vous présenter un sujet assez intéressant…
4) ☐	Je voudrais vous montrer que…	d) Le but de cet exposé est de…
5) ☐	J'espère que vous aurez une autre vision des choses à la fin de cet exposé…	e) En conclusion, je parlerai de…
6) ☐	A la fin, je mentionnerai…	f) Il est nécessaire de se débarrasser des préjugés contre…
7) ☐	Mon but est de…	g) Le sujet d'aujourd'hui est…

6 Welche der folgenden Wendungen kannst du nutzen, um den **Aufbau deines Referates** deutlich zu machen? Kreuze diese an!

- ☐ a) J'ai divisé cet exposé en quatre parties différentes.
- ☐ b) Tous les jours nous rencontrons…
- ☐ c) Je voudrais éveiller votre intérêt pour…
- ☐ d) Je voudrais vous présenter brièvement la structure de mon exposé.
- ☐ e) A la fin, je mentionnerai…
- ☐ f) Il y aura un script, donc ce n'est pas la peine de prendre des notes.
- ☐ g) D'abord, je parlerai de… puis de… et ensuite… suivra.

Referate halten

Der Hauptteil

7 Du willst die **Kerngedanken** deines Referates darlegen. Übersetze die folgenden Wendungen, die du dazu verwenden kannst!

a) ______________________________
Wir gehen von folgender Grundlage aus:

b) ______________________________
Folgender Gedanke ist zentral:

c) ______________________________
Zwei Aspekte möchte ich besonders betonen.

d) ______________________________
Es lässt sich eine klare Entwicklung skizzieren …

e) ______________________________
Wichtige inhaltliche Punkte sind …

f) ______________________________
Was ich damit sagen möchte, ist …

8 Du willst zu Beginn eine **These aufstellen**. Verbinde die passenden Satzanfänge mit den Satzenden und trage den entsprechenden Buchstaben in der linken Spalte ein!

1)	☐ En se basant sur les faits présentés auparavant…	a)	… je voudrais soutenir cette affirmation avec de nouveaux arguments.
2)	☐ Je considère que les affirmations courantes…	b)	… on a toujours admis que…
3)	☐ Au cours de mon exposé…	c)	… sont fausses car…
4)	☐ Jusqu'à présent…	d)	… donnent lieu à croire…
5)	☐ Les résultats actuels de la recherche…	e)	… la théorie suivante :
6)	☐ Je voudrais mettre en avant…	f)	… je pars du principe que…

9 Du willst ein **Argument anführen**, doch die Wendungen sind durcheinander geraten. Bringe die Elemente wieder in die richtige Reihenfolge!

1) ______________________________
argument / premier / mon / est...

2) ______________________________
aspect / le / premier / est... / présenter / je / voudrais / que

3) ______________________________
je / aussi / devrais / que... / mentionner

4) ______________________________
voudrais / je / montrer / d'abord / que...

5) ______________________________
de... / il / important / est / de / plus

6) ______________________________
considérer / troisièmement / devrions / nous / que...

7) ______________________________
chose suivante : / nous / ignorer / devrions / ne / pas / la

10 Welche der folgenden Wendungen eignen sich ein (weiteres) **Argument anzuführen**? Kreuze diese an!

☐ a) Deuxièmement...
☐ b) D'autant plus que...
☐ c) Strictement...
☐ d) De plus...
☐ e) Drôlement...
☐ f) Accidentellement...
☐ g) A ce propos...
☐ h) Fermement...
☐ i) En outre...

Referate halten

11 Du willst **Inhalte verknüpfen** und **Zusammenhänge deutlich machen**. Setze die fehlenden Wörter in die Lücken ein!

ceci me mène	tirons	devrions aussi jeter un regard	mentionner
une chose différente	issue	complètement différente	

1) Nous ______________________________ donc la conclusion…
2) Ceci me conduit à ______________________________.
3) ______________________________ à mon prochain point.
4) Il faut aussi ______________________________ que…
5) La situation est ______________________________ dans le cas de…
6) Dans ce contexte nous ______________________________ sur…

12 Es ist sinnvoll, in deinem Referat **Bezüge zwischen einzelnen Punkten** deutlich zu machen und auf bereits genannte Aspekte zu verweisen. Bringe die richtige Übersetzung mit der jeweiligen Wendung zusammen!

1) ☐	Hier kann eine Parallele zu … festgestellt werden.	a)	Pour en revenir à… :
2) ☐	Wie ich bereits erwähnte …	b)	Ceci soutient la théorie de départ.
3) ☐	Um nochmals auf … zurückzukommen:	c)	On peut voir un parallèle avec…
4) ☐	Dieser Punkt ist zu Anfang schon einmal diskutiert worden.	d)	Et c'est ici que les points mentionnés au début deviennent importants.
5) ☐	Ich kann euch versichern, dass dies kein Widerspruch zu … ist.	e)	Ceci prouve notre théorie.
6) ☐	Dies spricht für die anfangs aufgestellte These.	f)	Comme je l'ai déjà mentionné,…
7) ☐	Vielleicht fragt ihr euch jetzt, hat er nicht gerade etwas ganz anderes behauptet?	g)	Nous avons déjà discuté ce point au début.
8) ☐	Und jetzt werden die anfangs erwähnten Punkte wieder wichtig.	h)	Peut-être est-ce que vous vous demandez maintenant si je ne viens pas de dire quelque chose de complètement différent.
9) ☐	Damit ist unsere These bewiesen.	i)	Je peux vous assurer que ceci n'est pas en contradiction avec…

13 Welche der folgenden Wendungen eignen sich, die **Quellen deiner Arbeit anzugeben**? Kreuze diese an!

- ☐ a) Je fonde cette information sur…
- ☐ b) Mon voisin dit que…
- ☐ c) Les statistiques ont été calculées par…
- ☐ d) Ici, je voudrais mentionner l'enquête suivante :
- ☐ e) La nuit dernière, j'ai rêvé de…
- ☐ f) Il y a des années, j'ai lu que…
- ☐ g) La principale source de mon exposé est…
- ☐ h) J'ai fondé mes suppositions sur les auteurs suivants :

14 Du willst in deinem Referat verschiedene **Fakten, Statistiken und Zahlen angeben**. Finde die passenden Wendungen zu den vorgegebenen Situationen!

1) ☐ Du willst ein Beispiel anführen.	a) Si on compare la situation historique avec celle d'aujourd'hui, c'est clair que…
2) ☐ Du präsentierst ein Schaubild.	b) Quelques chiffres vont illustrer ces résultats.
3) ☐ Du nennst Gründe für eine Entwicklung.	c) Les raisons de cette évolution sont variées.
4) ☐ Du vergleichst zwei Situationen.	d) La situation était la suivante :
5) ☐ Du beschreibst eine Situation.	e) Un bon exemple pour cela est :
6) ☐ Du gibst Zahlen zur Illustration an.	f) L'une des sources de mon exposé est…
7) ☐ Du machst auf eine Graphik aufmerksam.	g) Ici je voudrais attirer votre attention sur l'enquête de [Philippe Martin].
8) ☐ Du gibst die Quelle deiner Arbeit an.	h) Ce diagramme montre que…
9) ☐ Du machst auf eine weitere Untersuchung aufmerksam.	i) Je voudrais attirer votre attention sur ce diagramme en particulier.

Referate halten

15 Welche der folgenden Wendungen sind geeignet, um **Meinungen anzugeben**? Kreuze an!

- ☐ a) Selon…
- ☐ b) Je suppose que…
- ☐ c) Je vois…
- ☐ d) Elle est pour…
- ☐ e) Il pense…
- ☐ f) Nous sommes d'avis que…
- ☐ g) Il est gentil.
- ☐ h) Il montre que…

16 Du formulierst deine **persönliche Stellungnahme**. Mit welchen Wendungen stimmst du anderen zu, mit welchen machst du einen anderen Standpunkt deutlich? Kreuze an!

	Zustimmung	Widerspruch
1) Je ne peux qu'être d'accord avec lui.	☐	☐
2) Cet argument ne me convainc pas car…	☐	☐
3) Comme Pierre, je pense que…	☐	☐
4) Je ne peux qu'être d'accord avec cela.	☐	☐
5) Je doute vraiment que…	☐	☐
6) Personnellement, je pense que cela vaut la peine d'en discuter.	☐	☐
7) … me semble particulièrement convaincant.	☐	☐
8) Contrairement à Pierre, je suis d'avis que…	☐	☐

Der Schluss

17 Zum Schluss deines Referates willst du die **Hauptpunkte nochmals zusammenfassen**. Welche Übersetzung passt zu welcher Wendung?

1) ☐ Ganz wichtig ist hier, dass …	a) Je conclus que…
2) ☐ Lasst mich das Wesentliche noch einmal zusammenfassen.	b) Ici, il est très important que…
3) ☐ Als Konsequenz aus meinen Ausführungen ergibt sich für mich …	c) Laissez-moi résumer les faits de base.
4) ☐ Lasst mich nun zu einer Bewertung kommen.	d) Laissez-moi vous donner une évaluation.
5) ☐ Zusammenfassend lässt sich sagen, dass …	e) En résumé, nous pouvons dire que…

18 Welche der Wendungen ist geeignet, deinen **Vortrag** zu **beenden**? Kreuze pro Dreiergruppe jeweils zwei mögliche Wendungen an!

1) ☐ a) Merci pour votre attention.
   ☐ b) Dieu merci, c'est fini.
   ☐ c) Merci de m'avoir écouté.

2) ☐ a) Voilà.
   ☐ b) J'espère que cela vous aura été utile.
   ☐ c) Me voici arrivé à la fin de mon exposé.

3) ☐ a) J'espère vous avoir présenté ce sujet sous un autre angle.
   ☐ b) J'espère vous avoir plu et que vous avez aimé ma manière fantastique de présenter.
   ☐ c) J'espère que mon exposé vous a montré les choses sous un nouveau jour.

19 Nach deinem Referat ist es wünschenswert, **Fragen anzuregen** und mit diesen geschickt umzugehen. Verbinde die Satzanfänge mit den jeweiligen Satzenden!

1) ☐ Je serais heureux…	a) … à poser des questions.
2) ☐ S'il vous plaît, n'hésitez pas…	b) … nous mènerait trop loin.
3) ☐ C'est une question que je…	c) … vous pouvez m'interrompre à tout moment.
4) ☐ Et maintenant je voudrais…	d) … démarrer la discussion.
5) ☐ Répondre en détail à cette question…	e) … savoir plus sur le sujet, je vous recommande les titres suivants :
6) ☐ Si vous voulez en…	f) … lancer au public.
7) ☐ Si vous avez des questions…	g) … de répondre à vos questions.

Diskutieren

5. Diskutieren

5.1 Worum geht's? – Die Vorbereitung

Wie kläre ich das Thema und bilde mir eine Meinung?

Bei einer Diskussion werden zu einem bestimmten Thema Meinungen und Argumente ausgetauscht. Häufig ist das Thema bereits vorgegeben.

> ***TIPP:***
> *Schreibe alle Ideen – auch ungewöhnliche – zu einem Thema ungefiltert auf und entscheide dann, welche du für gut und wichtig hältst.*

Ideen: Sammle zunächst Ideen zu deinem Thema und schlage Begriffe im Lexikon nach. So erleichterst du dir den Einstieg. Entscheide dich erst für einen Standpunkt, wenn dir das Thema vertraut ist.

Ziele: Die Ziele einer Diskussion können unterschiedlich sein: Vielleicht willst du die anderen von deinem Standpunkt überzeugen, oder du möchtest im Laufe der Diskussion die Lösung eines Problems erreichen. Auch ein Kompromiss oder eine neue Erkenntnis können am Ende einer Diskussion stehen.

Standpunkte: Eines jedoch haben alle Diskussionen gemeinsam: Sie bieten die Möglichkeit, eine Sache aus einem neuen Blickwinkel zu betrachten. Versuche, möglichst viele Aspekte in deinen Überlegungen zu berücksichtigen. Erst dann kannst du dich auf die Argumente der Gegenseite einstellen und in der Diskussion angemessen darauf reagieren.

Checkliste: Thema erfassen ✓

- Warum lohnt es sich, über dieses Thema zu sprechen?
- Welche sind die zentralen Schlüsselbegriffe in der Themenstellung?
- Wie sind diese Begriffe definiert?
- Welche Hintergründe muss ich recherchieren?
- Welche Themenbereiche hängen mit meinem Diskussionsthema zusammen?
- Welchen Standpunkt möchte ich in einer Diskussion vertreten?

Wie sammle ich Argumente und recherchiere diese gründlich?

Sammle zunächst so viele Ideen wie möglich. Formuliere dann die Argumente aus. Überlege dir, mit welchen Argumenten du deinen Standpunkt stützen kannst. Ordne deine Argumente in zwei Spalten (pro und kontra). Überlege dir bereits jetzt, wie du eventuell auf Gegenargumente reagieren könntest. Streiche erst im letzten Schritt besonders schwache oder unsinnige Argumente.

TIPP:
Konzentriere dich beim Sammeln der Argumente gleichermaßen auf die Pro- und Kontraseite!

Überlege dir, welche Informationen du benötigst, um deine Argumente zu belegen und zu veranschaulichen. Beschaffe dir diese Informationen, Fakten und Zahlen aus möglichst seriösen Quellen, beispielsweise aus renommierten Zeitungen und Zeitschriften, vertrauenswürdigen Statistiken und Büchern. Die Regeln für das Recherchieren von Argumenten findest du in Kap. 1.2, S. 10.

Checkliste: Kriterien, nach denen sich Argumente ordnen lassen ✓

- Welche meiner Argumente lassen sich unter einem Hauptargument zusammenfassen?
- Welche Argumente sind inhaltlich miteinander verbunden?
- Welche Argumente sind sehr stark und überzeugend? Welche sind schwächer?
- Welche Argumente eignen sich als Reaktion auf ein Argument der Gegenseite?

Wie baue ich ein Argument auf?

Ein Argument begründet oder widerlegt eine These. Argumente sollten aber nicht nur aus einer Aussage bestehen, die die These entkräftet oder stützt. Sie müssen gegebenenfalls erläutert, auf jeden Fall aber durch weitere Informationen gestützt werden, um überzeugend zu sein. Nimm dir Zeit, um die Argumente exakt zu formulieren und zu erklären.

Checkliste: Argumente stützen ✓

- Expertenmeinungen miteinbeziehen
- Fakten, Zahlen und Statistiken anführen
- Normen und Grundsätze erläutern
- Beispiele angeben

5.2 Dafür! – Der Aufbau des Diskussionsbeitrages

Wie definiere ich mein Thema?

Est-ce que l'avarice et la misogynie sont des sujets vitaux dans les œuvres de Molière ? Concernant ce sujet, je suis d'avis irréfutable étant donné que ceci nous mène à une néo-interprétation des œuvres de Molière. Mon argument principal est...

Um sicher zu stellen, dass alle Diskussionsteilnehmer das Thema verstehen und um eine Verständigung über bestimmte Wörter zu erreichen, sollte eine Diskussion immer mit einer kurzen Definition des Themas begonnen werden. Schreibe alle Begriffe deines Themas auf, die unter Umständen missverstanden werden können und schlage diese in mehreren Lexika nach. Versuche dann, auf dieser Grundlage selbst eine möglichst einfache, nachvollziehbare und verständliche Definition der Begriffe zu formulieren.

Checkliste: Kriterien für eine gute Definition

- so einfach wie möglich
- so eindeutig wie möglich
- so exakt wie möglich
- möglichst scharf abgegrenzt zu anderen Begriffen
- möglichst ohne Ausnahmeregelungen

25

Ich möchte das Thema kurz definieren ...	Je voudrais définir brièvement le sujet...
Das bedeutet ...	Ceci signifie...
Das heißt ...	C'est-à-dire que...
Dies ist meine Definition von ...	Voici ma définition de...
Mit diesem Begriff meine ich ...	Par cette expression j'entends...
Damit ist sowohl ... als auch ... gemeint.	Cela peut signifier... comme...
Damit ist nicht gemeint, dass ... sondern ...	Ceci ne veut pas dire que... mais que...
Das schließt ... aus.	Ceci exclut...

Wie argumentiere ich am besten?

Je vais commencer par vous expliquer pourquoi je ne peux pas être du même avis que M. Martin. Sur la première page de ce livre, il y a une faute de frappe. C'est incroyable! Je ne peux plus le prendre au sérieux désormais.

Grundsätzlich gibt es zwei Möglichkeiten, seine Argumente aufzubauen:

Linearer Argumentationsaufbau: Hier konzentrierst du dich ganz auf deine Position. Zunächst nennst du deinen eigenen Standpunkt zum Thema, dann folgen die Argumente, die diesen stützen. In der Regel (aber nicht notwendigerweise) ordnest du deine Argumente vom schwächsten zum wichtigsten. Wenn du mit dem stärksten Argument endest, hinterlässt du einen bleibenden Eindruck. Um die Aufmerksamkeit der Zuschauer zu wecken, kannst du aber auch mit einem starken Argument beginnen. Besonders überzeugend ist eine Argumentationskette dann, wenn die Argumente gedanklich folgerichtig aufeinander aufbauen und sich logisch ergeben.
Ein Vorteil des linearen Argumentationsaufbaus ist es, dass du deine eigene Position besonders stärkst. Du nennst nur Argumente, die deinen Standpunkt stützen. Allerdings berücksichtigst du die Argumente der Gegenseite dabei nicht. Gegenargumente können deine Argumentationskette deshalb empfindlich treffen.

Dialektischer Argumentationsaufbau: Hier werden Gegenargumente in die eigene Diskussion miteinbezogen. Auf ein eigenes Argument folgen mögliche Gegenargumente, die wieder durch eigene Argumente entkräftet werden. Der Redner greift also bereits in seinem Beitrag mögliche Einwände und Argumente der Gegenseite auf und widerlegt diese. Ein Vorteil dieser Form ist es, dass du gleich beide Seiten berücksichtigst und dadurch dem Zuschauer als überlegen und souverän erscheinst. Allerdings sollte auch bedacht werden, dass dieser Aufbau für Zuhörer wesentlich anspruchsvoller und schwieriger nachzuvollziehen ist als ein linearer Aufbau. Außerdem lässt sich nicht jedes Argument der Gegenseite so einfach entkräften.

Weitere spezielle Argumentationsmuster

Sonderfallargumentation: Hier gehst du von einem allgemein gültigen Regelfall aus, bringst dann aber einen Sonderfall und begründest, warum in dem von dir dargestellten, speziellen Fall von der Regel abgewichen und anders gehandelt werden sollte. Du kannst bei dieser Argumentationsweise die Argumente sowohl dialektisch als auch linear ordnen.

Vergleich: Zunächst werden zwei Positionen einander gegenüber gestellt, die erläutert und verglichen werden. Im Aufbau ähnelt dieses Muster einem dialektischen Argumentationsaufbau, allerdings werden die Begründungen der beiden Ansichten in diesem Fall ohne persönliche Wertung dargelegt. Deine eigene Meinung nennst du erst am Ende deines Diskussionsbeitrags.

Konsens: Auch hier werden zwei konträre Positionen vergleichend betrachtet und zunächst ohne eigene Stellungnahme dialektisch erläutert. Dann wird versucht, zwischen den Positionen zu vermitteln und einen Kompromiss zu finden, der beide Seiten berücksichtigt. Dies kann geschehen, indem Gemeinsamkeiten der Positionen herausgearbeitet werden.

Diskutieren

26

Zunächst …	D'abord,…
Erstens …	Premièrement,…
Zu Beginn …	Commençons par…
Hier sind zwei Punkte wichtig:	Ici, deux points sont importants :
Erstens … . Zweitens …	Premièrement,… . Deuxièmement,…
Es gibt hier zwei Probleme.	Il y a ici deux problèmes.
Zudem …	De plus,…
Zusätzlich …	En plus,…
Außerdem …	D'autre part,…
Und wenn außerdem richtig ist, dass …	Et s'il est aussi correct que…
Dann …	Alors…
Dies führt zu …	Ceci mène à…
Das liegt daran, dass …	Ceci est dû au fait que…
Der Grund dafür ist …	La raison en est que…
Aus diesem Grund …	Pour cette raison…
Dies erklärt sich aus …	Ceci s'explique par…
Das ist offensichtlich, weil …	C'est évident parce que…
Schließlich …	Finalement…
Das Ergebnis ist …	Le résultat est…
Das hat zur Folge, dass …	Ceci a pour conséquence…
Als Konsequenz ergibt sich …	En conséquence,…

27

Häufig wird gesagt, dass …	On dit souvent que…
Außerdem lässt sich natürlich behaupten, dass …	D'autre part, on affirme bien sûr que…
Man könnte anführen, dass …	On pourrait mentionner que…
Man könnte einwenden, dass …	On pourrait objecter que…
Dafür spricht …	Une bonne raison pour cet argument est…

Dagegen spricht …	Une bonne raison contre cet argument est...
Auf der einen Seite …	D'une part...
Auf der anderen Seite …	D'autre part...
Das ist zwar grundsätzlich richtig, aber …	Ceci est certes correct à la base, mais...
Auf der anderen Seite sollte man bedenken, dass …	D'un autre côté, on devrait penser au fait que...
Im Gegensatz dazu muss gesagt werden, dass …	Au contraire, il faut dire que...
Zutreffend aber ist …	Mais il est vrai que...
Es ist aber festzuhalten, dass …	Il faut noter que...
Dem widerspricht aber …	Mais cela contredit...

28

Gewöhnlich wird die Sache so gesehen:	Habituellement, on voit la chose de la manière suivante :
Gerne wird gesagt, dass …	On dit souvent que...
In diesem besonderen Fall aber …	Mais, dans ce cas particulier,...
Wir haben es hier aber mit einer sehr speziellen Situation zu tun.	Nous avons à faire ici à une situation très particulière.
Auch wenn normalerweise gilt …	Même si normalement, on considère que...
Hier aber gilt …	Ici, cependant,... est correct.
Grundsätzlich ist dies zwar richtig. Hier aber …	De manière générale, ceci est certes correct. Mais ici,...
In den meisten Fällen würde dies zutreffen, aber …	Dans la plupart des cas, ceci serait exact, mais...
Denn erstens …	Car premièrement,...
Und zweitens …	Et deuxièmement,...
Dafür spricht …	Un argument en faveur de cela est...
Dagegen spricht …	Un argument contre cela est...
Deshalb mache ich den Vorschlag, dass …	C'est pourquoi je vous propose de...
Es wäre in diesem Fall am besten …	Dans ce cas, il vaudrait mieux...

Diskutieren

29

[Philippe Martin] ist der Ansicht …	[Philippe Martin]* est d'avis que…
[Philippe Martin] meint dagegen …	[Philippe Martin], au contraire, pense que…
[Philippe Martin] begründet seine Meinung mit …	[Philippe Martin] fonde son opinion sur…
[Philippe Martin] begründet dies mit …	[Philippe Martin] justifie cela par…
Seine Gründe dafür sind …	Ses raisons en sont…
Ich halte [Philippe Martin] Position für überzeugend, weil …	Je considère la position de [Philippe Martin] comme convaincante car…
Ich möchte mich [Philippe Martin] anschließen, weil …	Je me rallie à [Philippe Martin] car…
Ich halte diesen Standpunkt für weniger überzeugend, weil …	Je pense que ce point de vue est moins convaincant car…
Keiner der beiden konnte mich überzeugen. Ich denke, dass …	Aucun des deux n'a pu me convaincre. Je pense que…
Beide Standpunkte sind nicht schlüssig, weil …	Les deux points de vue ne sont pas concluants car…

30

Zu dem Sachverhalt wurde einiges genannt.	Plusieurs points ont été mentionnés à ce sujet.
Es wurde behauptet, dass …	On a affirmé que…
Dagegen wurde gesagt, dass …	Au contraire, on a dit que…
Sicherlich ist auch stichhaltig, dass …	Certainement que… est aussi convaincant.
Man darf nicht vergessen, dass …	Il ne faut pas oublier que…
Folgende Gemeinsamkeiten sind sichtbar:	Les points communs suivants sont visibles.
Beide treffen sich in folgendem Punkt:	Tous les deux sont d'accord sur le point suivant :
Als gemeinsamer Standpunkt ergibt sich …	Ils ont donc le point de vue suivant en commun :
Daraus lässt sich schließen, dass …	On peut en conclure que…
Das könnte die Lösung sein.	Ceci pourrait être la solution.
Folgende Konsequenzen könnten daraus gezogen werden:	On a pu en tirer les conséquences suivantes :

* Elemente in eckigen Klammern (z. B. Eigennamen) sind in den Wortlisten nur als Beispiel angegeben und können beliebig ausgetauscht werden.

Wie lege ich Sachverhalte dar und vertrete meinen Standpunkt?

Philippe Martin dit A. Cet autre type dit B. Je ne sais que penser ! Tout est si compliqué ! Pourquoi ne se mettent-ils pas d'accord ? Est-ce que c'est toujours à moi de me faire une opinion ?

Übersichtlich: Gerade bei einer Diskussion ist es wichtig, deutlich zu signalisieren, an welchem Punkt der Diskussion du dich befindest: Ob du gerade die These erläuterst, auf ein Argument der Gegenseite reagierst, ein eigenes Argument für deine These bringst oder ein Argument anhand von Beispielen und Fakten veranschaulichst. Nur so machst du unmissverständlich klar, welche Position du vertrittst.

Zielgerichtet: Sage, was du in der Diskussion erreichen willst und beziehe deine Argumente immer wieder direkt auf deine These, um Zusammenhänge zu verdeutlichen.

Schlagkräftig: Reihe nicht nur Argument an Argument. Dies wirkt öde und ist meist wenig überzeugend. Schlagkräftig werden deine Argumente dann, wenn es dir gelingt, sie anhand von Fakten, Zitaten und Beispielen zu veranschaulichen.

Sicher: Lass dich nicht verunsichern oder aus dem Konzept bringen. Gerade in einer Diskussion ist es wichtig, immer die Kontrolle zu behalten und sicher und überzeugt aufzutreten. Wenn Fragen kommen, die du nicht gleich beantworten kannst, versuche durch Fragen oder Floskeln etwas Zeit zu gewinnen, um deine Gedanken zu ordnen.

Checkliste: Unsicherheiten überspielen

- Wiederhole kurz das Gesagte, um den roten Faden wiederzufinden.
- Fasse deine bisherigen Ausführungen knapp zusammen.
- Nenne eine weitere Zahl oder ein weiteres Beispiel zum eben genannten Argument.
- Stelle eine Frage zu deinen Ausführungen.
- Verweise kurz auf die These.
- Schreibe bei der Vorbereitung mögliche „Notfallreaktionen“ auf deine Stichwortzettel.

31

Meine These ist, dass …	Ma thèse est que…
… ist wahr, weil …	… est vrai car…
… ist richtig, weil	… est correct car…
Das stimmt.	C'est vrai.
Das stimmt nicht.	Ce n'est pas vrai.
Es ist falsch … zu …	C'est faux de…
… ist gut, weil …	… est bien car…

Diskutieren

… ist schlecht, weil …	… est mauvais car…
Ich behaupte, dass	J'affirme que…
Ich möchte zeigen, dass …	Je voudrais montrer que…
Ich möchte beweisen, dass …	Je voudrais prouver que…
Es ist mein Ziel zu beweisen, dass …	Mon but est de prouver que…
Ich möchte euch davon überzeugen, dass …	Je voudrais vous convaincre que…
Besonders wichtig ist …	… est particulièrement important.

32

Meine Gründe werde ich im Folgenden erläutern.	Je vais maintenant vous expliquer mes raisons.
Für meine Haltung gibt es zahlreiche Gründe.	Il y a de nombreuses raisons à mon opinion.
Der wichtigste Grund ist …	La raison la plus importante est…
Ich möchte mehrere Punkte nennen.	Je voudrais citer plusieurs points.
Mein erstes Argument …	Mon premier argument…
Dies soll euch zeigen …	Ceci est censé vous montrer…
Besonders schwerwiegend ist auch, dass …	… est également très important.
… muss ebenfalls berücksichtigt werden.	Il faut considérer également…

33

Dieses Beispiel zeigt, dass …	Cet exemple montre que…
An diesem Beispiel sehen wir …	Cet exemple illustre le fait que…
Ein gutes Beispiel dafür ist …	Un bon exemple pour cela est…
Ich möchte ein paar Beispiele nennen …	Je voudrais citer quelques exemples…
Lasst mich dies an einem kurzen Beispiel verdeutlichen:	Laissez-moi vous expliquer à l'aide d'un bref exemple :
Es gab beispielsweise einen Fall …	Il y a eu par exemple un cas…
Vielleicht wird dies durch folgendes Beispiel klarer:	Peut-être que cela sera plus clair avec l'exemple suivant :
Hier ein paar Zahlen.	Voici quelques chiffres :
Wie ihr sehen könnt, …	Comme vous pouvez le voir,…

34

Ein paar Zahlen werden diese Befunde verdeutlichen.	Quelques chiffres illustreront ces résultats.
Die Zahl beträgt …	Le chiffre est de…
Diese Zahl ist doppelt so hoch wie …	Ce chiffre est deux fois plus élevé que…
Dieser Wert lässt sich vergleichen mit …	On peut comparer cette valeur avec…
Diese Größe ist vergleichbar mit …	Cette quantité est comparable avec…
Die Zahl hat sich in zwei Jahren verdreifacht.	Cette somme (ce chiffre)* a triplé en deux ans.
Das sind so viele wie …	Cela en fait autant que…
Das sind weniger als …	Cela en fait moins que…
Das Ermutigende hier ist …	Ce qui est encourageant ici, c'est…
Besorgniserregend ist …	Ce qui nous cause du souci, c'est…

35

Um nochmals auf … zurückzukommen …	Pour en revenir à…
Wie bereits am Anfang festgestellt …	Comme nous l'avons constaté au début…
Wie ich am Anfang behauptet habe …	Comme je l'ai affirmé au début…
Und jetzt werden die anfangs erwähnten Punkte wieder wichtig.	Et ici, les points mentionnés au début redeviennent importants.
Das scheint im Gegensatz zu meiner eingangs genannten These zu stehen. Allerdings …	Cela semble contredire ma thèse de départ. Mais…
Dieser Punkt ist für unsere These besonders wichtig.	Ce point est très important pour notre thèse.
Dies spricht für die anfangs aufgestellte These.	Ceci confirme la thèse de départ.
Damit ist unsere These bewiesen.	Ceci prouve notre thèse.

36

Das kann ich sofort beantworten.	Je peux y répondre tout de suite.
Also, …	Eh bien,…
Das ist eine interessante Frage, weil …	C'est une question intéressante car…
Das ist eine schwierige Frage, weil …	C'est une question difficile car…
Das ist eine sehr gute Frage. Die Sache ist die …	C'est une très bonne question. La chose est que…

* Zusätzliche Varianten für einzelne Sätze und Wendungen sind in Klammern angegeben.

Diskutieren

Was meinst du damit?	Que veux-tu dire par là ?
Ich verstehe deine Frage nicht ganz.	Je ne comprends pas bien ta question.
Könntest du das genauer erklären?	Est-ce que tu pourrais expliquer cela plus en détail ?
Es hängt davon ab, was du meinst.	Cela dépend de ce que tu veux dire.
Mir ist nicht ganz klar, worauf deine Frage abzielt.	Je ne suis pas sûr de comprendre le but de ta question.
Du möchtest also wissen, ...	Tu voudrais donc savoir...
Du fragst also, warum ...	Alors tu me demandes pourquoi...
Es hängt von den Umständen ab.	Cela dépend des circonstances.
Ich brauche etwas Zeit, um darüber nachzudenken.	J'ai besoin d'un peu de temps pour y réfléchir.

Welche Argumentationsstrategien kann ich einsetzen?

Ma mère est d'accord avec moi sur ce point particulier. Mon oncle est d'accord avec moi. Le Ministre des Finances est d'accord avec moi. Et le Président des USA est d'accord avec moi. Même Superman est d'accord avec moi. Cela ne te convainc pas ?

Es gibt unterschiedliche Möglichkeiten, wie du deine Argumente überzeugend gestalten kannst und welche Strategien es gibt, um ihnen Gewicht zu verleihen.

Autorität: Du zitierst wörtlich oder sinngemäß eine bekannte Autorität auf diesem Gebiet. Das können Experten, Wissenschaftler oder berühmte Persönlichkeiten sein. Allerdings ist zu bedenken, dass auch Experten sich zu einer Frage nicht immer einig sind.

TIPP:
Zahlen und Fakten müssen aktuell sein!

Tatsachen: Du stützt dich auf Fakten und Zahlen, führst nachprüfbare Forschungsergebnisse und Statistiken an. Allerdings kann es auch hier unterschiedliche Ansätze und Resultate geben.

Normen und Gesetze: Du berufst dich auf Wertvorstellungen und Gesetze, die in der Gesellschaft als gültig anerkannt werden. In der heutigen pluralistischen Gesellschaft mit ihrem ständigen Wertewandel ist das allerdings nicht immer einfach.

Erfahrung: Du berufst dich auf eigene Erfahrungen, die nachvollziehbar und verallgemeinerbar sein müssen.

Analogie: Es werden Vergleiche zu ähnlichen Vorgängen gezogen. Aber Vorsicht: Eine Übertragung ist nicht in jedem Fall möglich.

> ***TIPP:***
> *Wenn du zu offensichtlich versuchst, deine Zuhörer zu manipulieren, bringst du diese gegen dich auf.*

Gefühl: Du sprichst Wertevorstellungen an und appellierst an die Emotionen der Zuhörer. Achtung: Wenn du deinen Zuhörern zu verstehen gibst, dass alle anderen Denkweisen – außer deiner eigenen – verwerflich, moralisch schlecht und damit unzulässig sind, ist das Manipulation.

Gesunder Menschenverstand: Einige Redner appellieren an den „gesunden Menschenverstand". Dabei wird der eigene Standpunkt als Meinung der Mehrheit dargestellt. Wer dieser Meinung nicht folgt, befördert sich selbst ins Abseits. Dieses Mittel bewegt sich am Rande der Fairness, weil es ebenfalls manipulativ ist.

37

Dazu hat [Philippe Martin] folgendes gesagt:	Dans ce contexte [Philippe Martin] a dit :
Auch [Philippe Martin] stellt in seinen Veröffentlichungen wiederholt diese These auf.	[Philippe Martin] aussi répète cette thèse dans ses publications.
[Philippe Martin] weist immer wieder darauf hin, dass …	[Philippe Martin] insiste toujours sur le fait que…
Auch [Philippe Martin] vertritt die Meinung, dass …	[Philippe Martin] est d'avis que…
Laut [Philippe Martin] …	Selon [Philippe Martin],…
[Philippe Martin] meint …	[Philippe Martin] pense…
[Philippe Martin] ist der Auffassung …	[Philippe Martin] a pour opinion…
[Philippe Martin] plädiert für (gegen) …	[Philippe Martin] plaide pour (contre)…
Schon [Philippe Martin] hat gesagt …	Même [Philippe Martin] a dit…
Lasst mich [Philippe Martin] zitieren:	Laissez-moi citer [Philippe Martin] :
Wer kennt nicht den bekannten Ausspruch von …	Qui ne connait pas la phrase célèbre de…

38

Diese Statistik belegt …	Cette statistique prouve…
Wie ihr sehen könnt, …	Comme vous pouvez le voir…
Die Zahlen zeigen, dass …	Les chiffres montrent que…
Die Zahlen sprechen hier eine eindeutige Sprache.	Ces chiffres rendent évident que…
Folgende Fakten beweisen meine These:	Les faits suivants prouvent ma thèse :
Es gilt als wissenschaftlich erwiesen, dass …	Il est prouvé scientifiquement que…

Diskutieren

Führende Wissenschaftler auf diesem Gebiet sind sich einig darüber, dass ...	Les scientifiques les plus connus dans ce domaine sont d'accord sur le fait que...

39

Es wird allgemein angenommen ...	En général, on part du principe que...
Es kann kein Zweifel bestehen, dass ...	Il n'y a aucun doute sur le fait que...
Für uns ist es wichtig ...	Pour nous, il est important...
In unserer heutigen Gesellschaft ...	Dans notre société actuelle...
Die öffentliche Meinung ist gegen (für) ...	L'opinion publique est contre (pour)...
Die Mehrheit vertritt die Ansicht, dass ...	La majorité pense que...
Es herrscht eine starke Tendenz, dies so zu sehen.	Il y a une tendance très forte à voir les choses de cette manière.
Es gelten bestimmte Regeln ...	Il y a certaines règles à respecter...
Das ist die Basis unserer Gemeinschaft.	C'est la base de notre communauté.

40

Die Erfahrung zeigt ...	L'expérience montre...
Ich möchte euch meine persönliche Erfahrung schildern.	Je voudrais vous parler de mon expérience personnelle.
Ich habe häufig erlebt, dass ...	J'ai souvent pu me rendre compte que...
Immer wieder sehe ich, dass ...	Je constate à chaque fois que...
Vielleicht ist euch schon etwas Ähnliches passiert.	Peut-être avez-vous déjà vécu quelque chose de semblable.

41

Lasst mich dies mit folgender Situation verleichen:	Permettez-moi de comparer cela avec la situation suivante :
Lasst mich einen Vergleich anstellen.	Laissez-moi faire une comparaison.
Vergleichen wir das mit ...	Comparons cela avec...
Vielleicht hilft ein Vergleich, um dies zu verdeutlichen.	Peut-être qu'une comparaison nous aidera à éclaircir cela.
Auch hier haben wir gesehen, dass ...	Ici aussi, nous avons vu que...
Dieser Fall ist unserem ähnlich.	Ce cas ressemble au nôtre.

42

Ist es nicht skandalös, dass ...?	N'est-ce pas scandaleux que... ?
Wenn wir verhindern wollen, dass ..., müssen wir ...	Si nous voulons éviter que..., alors nous devons...
Müssen wir nicht handeln?	Ne faut-il pas agir ?
Seid ihr nicht auch der Ansicht, dass ...?	Ne pensez-vous pas non plus que... ?
Ihr müsst euch darüber im Klaren sein, dass ...	Vous devez prendre conscience du fait que...
Ist es nicht unsere Pflicht ...?	N'est-ce pas notre devoir... ?

43

Kein vernünftiger Mensch kann bestreiten, dass ...	Aucune personne raisonnable ne peut nier que...
Jeder vernünftige Mensch weiß ...	Tout homme sensé sait...
Wenn man die Sache objektiv betrachtet, kann man nicht länger daran festhalten, dass ...	Si on considère la chose objectivement, on ne peut pas continuer à affirmer que...
Niemand kann ernsthaft bezweifeln, dass ...	Personne ne peut sérieusement mettre en doute le fait que...
Jeder vernünftige Mensch wird dem zustimmen.	Toute personne sensée sera d'accord.
Nur wenige unbelehrbare Traditionalisten glauben noch immer, dass ...	Seuls quelques traditionnalistes incorrigibles croient encore que...

Wie gestalte ich ein wirkungsvolles Schlussplädoyer?

Croyez-moi ! J'ai raison !

> ***TIPP:***
> *Konzentriere dich darauf, die Vorteile deiner Position hervorzuheben.*

Ein Schlussplädoyer schließt sich dem Argumentationsaustausch an und dient dazu, die eigene Position abschließend auf den Punkt zu bringen.

Sehr wirkungsvoll ist es, das stärkste Argument am Ende noch einmal aufzugreifen und in verschärfter und zugespitzter Form kurz zu wiederholen. Mache noch einmal unmissverständlich deutlich, worauf es dir ankommt. Ziehe ein Fazit, dass sich klar aus deinen Ausführungen ergibt und vertrete deinen Standpunkt selbstbewusst.

Wenn du um einen Kompromiss bemüht bist, oder zwischen den beiden Standpunkten vermitteln willst, solltest du dein Schlussplädoyer so gestalten, dass du keine der genannten Positionen zu vehement vertrete und stattdessen eher abschwächende und einschränkende Formulierungen verwendest. Vermeide in diesem Fall Phrasen, die die Gegenseite abwerten.

Diskutieren

Checkliste: Möglichkeiten eines Schlussplädoyers

- Hauptargument in zugespitzter Form nennen
- Appell an die Zuhörer richten
- abschließendes Fazit ziehen
- Ziel deiner Argumentation nennen
- Gemeinsamkeiten der Standpunkte betonen
- einen Kompromiss vorschlagen

44

Lasst mich das Wesentliche noch einmal zusammenfassen.	Permettez-moi de résumer encore une fois l'essentiel.
Mein Hauptargument war ...	Mon principal argument a été...
Mein Ziel war es ...	Mon but était...
Ganz wichtig ist hier, dass ...	Il est très important ici de...
Sollten wir nicht ...?	Ne devrions-nous pas... ?
Wir müssen ...	Nous devons...
Nach sorgfältiger Abwägung der Argumente ...	Après avoir pesé avec soin les arguments...
All dies zeigt deutlich, dass ...	Tout cela montre clairement que...
Deshalb lehne ich ... ab.	C'est pourquoi je rejette...
Ich komme zu folgendem Schluss:	J'en arrive à la conclusion suivante :
Ich ziehe folgendes Fazit:	J'en tire la conclusion suivante :
Als Konsequenz aus meinen Ausführungen ergibt sich für mich ...	Arrivé au bout de mes explications, j'en conclus que...
Lasst mich nun zu einer Bewertung kommen:	Venons-en à une estimation :

45

Meiner Ansicht nach ...	A mon avis...
Meiner Meinung nach ...	Selon moi...
Ich glaube fest daran, dass ...	Je crois fermement que...
Ich bin fest davon überzeugt, dass ...	Je suis entièrement convaincu que...
Es ist Unsinn zu denken, dass ...	Il est stupide de penser que...
Es ist falsch ... zu ...	C'est faux de...

Es ist ideal für …	Il est idéal pour…
Es gibt keinen Zweifel daran, dass …	Il n'y a aucun doute sur le fait que…

46

Vielleicht könnte hier die Lösung liegen:	Peut-être que c'est ici qu'est la solution :
Folgender Kompromiss wäre denkbar:	Le compromis suivant serait envisageable :
Wenn wir beide Seiten berücksichtigen, …	Si nous considérons les deux points de vue…
Die Gemeinsamkeiten der Positionen sind offensichtlich.	Les points communs de ces positions sont évidents.
Beide Seiten sind sich einig, dass …	Les deux camps sont d'accord sur le fait que…

47

Vielleicht könnten wir einen Kompromiss ausarbeiten.	Peut-être pourrions-nous nous mettre d'accord sur un compromis.
Vielleicht könnten wir hier einen Kompromiss finden.	Peut-être pourrions-nous trouver ici un compromis.
Ich halte eine Kompromisslösung für möglich.	Je pense qu'il est possible de trouver un compromis.
Ich glaube, dass …	Je crois que…
Ich nehme an, dass …	Je suppose que…
Ich erwarte, dass …	Je pense que…
Es ist wahrscheinlich möglich, dass …	Il est sans doute possible que…
Das ist wahrscheinlich ein gutes Argument für …	C'est probablement un bon argument pour…
Ich fange an zu denken, dass es eine gute Sache wäre …	Je commence à penser que ce serait une bonne chose…
Ich bezweifle, ob …	Je doute que…
Ich bezweifle, dass …	Je doute que…
Ich denke nicht, dass …	Je ne crois pas que…

5.3 Dagegen! – Die Reaktion auf die Gegenseite

Wie reagiere ich auf die Gegenseite?

Sottises !

TIPP:
Sei immer darauf gefasst, spontan etwas auf die Ausführungen der Gegenseite erwidern zu müssen.

TIPP:
Diskutiere nicht über feststehende Tatsachen oder subjektive Ansichten. Darüber lässt sich nicht streiten.

Im Gegensatz zu einem Referat musst du bei einer Diskussion flexibel auf die Einwände der Gegenseite reagieren. Verfolge den Diskussionsablauf aufmerksam und notiere dir, wenn möglich, die Argumente und Belege der Gegenseite stichwortartig mit, um darauf Bezug nehmen zu können. Konzentriere dich vor allem auf Schwachpunkte in der Argumentation der anderen. Hier kannst du ansetzen, um die Vorzüge deiner Position darzulegen. Ironie kann ein wirkungsvolles Mittel sein, um eine Unstimmigkeit aufzudecken. Versuche aber nicht zwanghaft, allen Punkten der Gegenseite zu widersprechen, das ist meist nicht möglich. Gerade wenn es dir darum geht, einen Kompromiss zu schließen, solltest du nicht zu kleinlich auf deinen Argumenten beharren. Mache aber deutlich, wo du die Schwierigkeiten in der Argumentationsweise der Gegenseite siehst und halte eigene Lösungsvorschläge bereit.

Mache sprachlich deutlich, wogegen du dich aussprichst und welche Punkte du unter Umständen bereit bist zu akzeptieren. Du kannst Aussagen der anderen vollständig ablehnen, teilweise ablehnen oder auch nur anzweifeln. Nutze hier sprachliche Mittel zur Differenzierung. Wenn du ein Argument für vollständig abwegig oder irrelevant hältst, solltest du dies unmissverständlich zum Ausdruck bringen.

TIPP:
Nimm sachliche Argumente nicht persönlich!

Bleibe dabei unbedingt sachlich und bewahre einen kühlen Kopf, um angemessen, höflich aber bestimmt deine Position vertreten zu können. Lass dich nicht zu vorschnellen Aussagen hinreißen, sondern bedenke immer die Tragweite deiner Argumente.

Checkliste: Der Umgang mit Diskussionsbeiträgen der Gegenseite ✔

- aufmerksam zuhören und wesentliche Argumente mitnotieren
- flexibel auf die Argumentation der Gegenseite reagieren
- Reaktion auf Gegenargumente überdenken und nicht vorschnell vorbringen
- Schwachstellen und Fehler in der Argumentation erkennen und darauf reagieren
- sich nicht auf „Nebenschauplätze“ abdrängen lassen, sondern am Kern der Sache arbeiten
- Lösungsvorschläge bringen
- immer sachlich, ruhig und höflich bleiben

48

Das stimmt nicht.	Ce n'est pas vrai.
Ich bin überhaupt nicht damit einverstanden.	Je ne suis pas du tout d'accord.
Wie kommst du darauf?	Qu'est-ce qui te fait dire cela ?
Ich fürchte, dem kann ich nicht zustimmen.	Je crains de ne pas pouvoir dire oui à cela.
Ganz im Gegenteil ...	Bien au contraire...
Blödsinn!	Sottises !
Das Argument überzeugt mich nicht, weil ...	Cet argument ne me convainc pas car...

49

Jetzt mal ernsthaft!	Sérieusement, maintenant !
Glaubst du das wirklich?	Tu crois vraiment cela ?
Jetzt mal halblang!	Arrêtez cela !
Das ist nicht der Punkt.	Il ne s'agit pas de cela.
Das ist sehr fraglich.	Ceci est loin d'être sûr.
Das ist sehr unwahrscheinlich.	C'est très improbable.

50

Also, ich bin mir nicht ganz sicher ...	Eh bien, je ne suis pas entièrement sûr...
Ich persönlich halte das für diskussionswürdig.	Personnellement, je crois que cela vaut la peine d'en discuter.
Da bin ich mir nicht sicher.	Je n'en suis pas sûr.
Ich glaube nicht, dass das stimmt.	Je ne crois pas que cela soit correct.
Ich bin mir nicht sicher, dass das so funktioniert.	Je ne suis pas sûr que cela marche.
Ich habe große Zweifel, ob ...	J'ai des gros doutes que...
Ich frage mich, ob das der Fall ist.	Je me demande si c'est le cas.
Nicht notwendigerweise.	Pas nécessairement.
Das folgt nicht notwendigerweise.	Cela n'est pas nécessairement la conséquence.
Genau genommen ist das nicht richtig.	Strictement parlant, ce n'est pas correct.

51

Aber wer kann sagen ...?	Mais qui peut dire... ?
Aber warum ...?	Mais pourquoi... ?
Aber wenn ...	Mais si...
Ja, aber ...	Oui, mais...
Denk daran, dass ...	Souviens-toi que...
Ja, aber ist das nicht ...?	Oui, mais n'est-ce pas... ?
Das kann schon sein, aber ...	Cela se peut, mais...
Das kann teilweise stimmen, aber ...	Cela peut être en partie vrai, mais...
Das war früher vielleicht der Fall, aber ...	Peut-être était-ce le cas autrefois mais...
Du hast vielleicht Recht, was ... betrifft, aber ...	Tu as peut-être raison en ce qui concerne..., mais...
Dennoch ...	Pourtant...
Ist es nicht vielmehr so, dass ...?	N'est-ce pas plutôt... ?
Denkst du nicht, dass ...?	Tu ne penses pas que... ?

Wie durchschaue ich unfaire Tricks und begegne ihnen?

Vous êtes si injustes ! Pourquoi ne me laissez-vous pas tout seul ? Je vous déteste tous !

Es gibt einige unfaire Mittel, die man selbst nicht verwenden sollte, die einem aber in einer Diskussion immer wieder begegnen. Man sollte sie also durchschauen und möglichst angemessen darauf reagieren.

Persönlicher Angriff: Hier geht es nur noch vordergründig um die Sache. In Wirklichkeit werden aber Personen und/oder Institutionen attackiert, beleidigt oder lächerlich gemacht. Dir wird mangelnde Sachkenntnis, fehlende Sorgfalt oder gar Dummheit vorgeworfen. Lass dich auf solche Provokationen nicht ein, weise dein Gegenüber auf die Unsachlichkeit seines Beitrages hin und bleibe selbst unbedingt sachlich.

Verallgemeinerungen: Von einem Einzelfall wird sofort auf allgemein gültige Regeln geschlossen, obwohl es sich nicht um einen typischen Allgemeinfall handelt. Es gibt auch den umgekehrten Fall: Hierbei wird eine allgemeine Regel pauschal auf einen Einzelfall übertragen, ohne dabei spezielle Umstände zu beachten. Entlarve diese Tricks.

Reaktion auf die Gegenseite

Trugschlüsse: Falsche und nicht zulässige Schlüsse werden oft so geschickt verpackt, dass der Zuhörer den unlogischen Zusammenhang nicht bemerkt. So wird beispielsweise von einer fehlerhaften Annahme ausgegangen, die dann zu einer scheinbar schlüssigen Konsequenz führt. Deine Aufgabe ist es, den Fehler im Gedankengang offen zu legen und so den Trugschluss aufzudecken.

Scheintatsachen: Zwischen Tatsachen und der eigenen Meinung besteht häufig ein großer Unterschied. Weise dein Gegenüber darauf hin, wenn er eine persönliche Meinung als allgemein anerkannte Tatsache darstellt.

Imponieren: Zitate werden dazu missbraucht, die Gegenseite zu beeindrucken; Analogien werden angeführt, ohne darzulegen, ob ein Vergleich überhaupt zulässig ist; bloße Behauptungen werden als Fakten verkauft. Lass dich durch ein solches Imponiergehabe nicht beeindrucken, sondern nimm immer wieder auf Fakten und Tatsachen Bezug.

Manipulation: Durch starkes Emotionalisieren und/oder rhetorische Fragen wird versucht, die Zuhörer auf eine bestimmte Seite zu ziehen. Weise auf die Manipulationstechniken der Gegenseite hin.

Killerphrasen: Wenn einer Seite die sachlichen Argumente ausgehen, greift sie häufig auf Phrasen und Sätze zurück, deren alleiniges Ziel ist, die Gegenseite zum Schweigen zu bringen und Recht zu behalten: „An deiner Stelle würde ich das auch sagen." oder: „Das war aber schon immer so." sind typische Killerphrasen.

Checkliste: Kriterien, die Argumente erfüllen müssen

- enger Bezug zur These
- objektiv wahr oder wenigstens wahrscheinlich
- schlüssig oder plausibel
- auf logischen Schlussverfahren beruhend
- neutral und sachlich

52

Bleiben wir doch sachlich.	Restons-en aux faits.
Ganz nüchtern betrachtet ...	Vu de manière objective,...
Mit persönlichen Angriffen kommen wir nicht weiter.	Les attaques personnelles ne nous feront pas avancer.
Du vergleichst Äpfel mit Birnen.	Tu compares ce qui n'est pas comparable.
So einfach lässt sich dieser Einzelfall nicht übertragen.	On ne peut pas transférer ce cas individuel aussi facilement.

Du kannst daraus keine allgemein gültige Regel ableiten.	Tu ne peux pas en faire une règle générale.
Dabei lässt du aber völlig unberücksichtigt, dass ...	En disant cela, tu ignores complètement le fait que...
Das lässt sich nicht so pauschal sagen.	On ne peut pas généraliser.
Bereits die Annahme, dass ... ist fehlerhaft.	Rien que d'admettre que... est incorrect.
Du kannst nicht davon ausgehen, dass ...	Tu ne peux pas partir du fait que...
Deine Schlussfolgerung ist nicht ganz richtig.	Ta déduction n'est pas tout à fait correcte.
Das ist deine persönliche Meinung, keine Tatsache.	C'est ton opinion personnelle, pas un fait.
Dies kann mich nicht beeindrucken.	Cela ne me m'impressionne pas du tout.
Fakt bleibt doch ...	Mais le fait est que...
Die Gegenseite versucht uns glauben zu machen, dass ...	Le camp adverse essaie de nous faire croire que...
Die emotionale Sichtweise des Sprechers verhindert, dass wir die Fakten angemessen berücksichtigen.	Le point de vue émotionnel de l'orateur nous empêche de voir les faits de manière adéquate.
Kommen wir doch zum Kern der Sache zurück.	Revenons-en au cœur de l'affaire.
Bleiben wir doch bei unserer These.	Restons-en à notre thèse.

6. Diskussionen leiten

6.1 Die Rolle des Moderators

Worauf muss ich als Moderator achten?

Il vous reste dix secondes de parole. Neuf... huit... sept...

Es ist die Aufgabe des Moderators, zu Beginn der Diskussion mit einigen Informationen in das Thema einzuführen. Im Anschluss sollte er die einzelnen Diskussionsteilnehmer sowie deren Standpunkte vorstellen. Dazu ist es nötig, sich im Vorfeld inhaltlich gut mit dem Thema vertraut zu machen sowie sich über die Teilnehmer zu informieren.

Wächter der Form: Du solltest immer die Uhr im Blick haben und dafür sorgen, dass die Redebeiträge nicht ausufern, so dass alle Teilnehmer sich äußern können. Außerdem liegt es in deiner Verantwortung, dass auch die etwas zurückhaltenden

Diskussionsteilnehmer zu Wort kommen. Du kannst gezielt das Wort erteilen und so die einzelnen Wortmeldungen und Redebeiträge koordinieren und dafür sorgen, dass niemand anderen ins Wort fällt.

> **TIPP:**
> *Als Moderator solltest du Argumente beider Seiten kennen, um während der Diskussion gegebenenfalls nachhaken und auf fachlich falsche Redebeiträge reagieren zu können.*

Strukturierender Vermittler: Neben formalen Aufgaben bist du als Moderator auch dafür verantwortlich, den Aufbau der Redebeiträge durch geschickte Fragen, Zusammenfassungen oder Kommentare zu verdeutlichen. Weise auf Verbindungen zwischen den vorgebrachten Argumenten hin, wenn die Diskutierenden das nicht selbst tun. Bitte darum, einzelne Aspekte noch zurückzustellen, bis andere ausreichend besprochen wurden und kläre Missverständnisse und Fehldeutungen. Dreht sich die Diskussion im Kreis oder wendet sie sich zu speziellen Fragen zu, solltest du weitere inhaltliche Impulse bringen oder den Sachverhalt knapp zusammenfassen. So machst du den Weg frei für neue Argumente. Es ist also unerlässlich, ständig den Überblick zu behalten und eine sehr gute Kenntnis des jeweiligen Themas zu besitzen.

Sachlicher Koordinator: Falls ein Diskussionsteilnehmer im Eifer des Gefechts die sachliche Ebene verlässt, ist es an dir, ihn darauf hinzuweisen und zu ermahnen, nicht persönlich zu werden. Nur so kann eine Diskussion erfolgreich sein und gegebenenfalls auch zu einem Ergebnis gelangen bzw. über einen reinen Schlagabtausch hinausgehen. Generell bist du als Moderator nicht an der Diskussion beteiligt und beziehst demnach auch nicht Stellung zum Thema. Bleibe also neutral.

53

Guten Morgen alle miteinander.	Bonjour, tout le monde.
Liebe Klassenkameraden ...	Chers camarades de classe,...
Liebe Kommilitonen ...	Chers camarades d'étude,...
Meine sehr verehrten Damen und Herren ...	Mesdames et messieurs,...
Ich begrüße euch sehr herzlich zu ...	Je vous souhaite la bienvenue à...
Ich heiße euch herzlich willkommen ...	Soyez les bienvenus.
Schön, dass ihr alle heute morgen da seid.	Merci d'être tous là ce matin.
Schön, dass ihr es alle geschafft habt her zu kommen.	Je suis heureux que vous ayez tous réussi à venir.
Schön, dass ihr so zahlreich erschienen seid ...	Merci d'être venus aussi nombreux...

Diskutieren

54

Mein Name ist …	Mon nom est…
Ich heiße …	Je m'appelle…
Ich möchte mich gerne kurz vorstellen:	Je me présente brièvement :
Unser Thema ist …	Notre sujet est…
Wir werden heute über das Thema … diskutieren.	Aujourd'hui nous allons discuter du sujet…
Ich begrüße euch heute zu einer interessanten Diskussion zum Thema:	Je vous souhaite la bienvenue à notre intéressante discussion sur le sujet :
Das Thema der heutigen Diskussion lautet:	Le sujet de la discussion d'aujourd'hui est :
Unser heutiges Thema ist sehr aktuell.	Notre sujet d'aujourd'hui est très actuel.
Heute möchte ich mit euch ein wichtiges und interessantes Thema besprechen.	Aujourd'hui je voudrais discuter avec vous d'un sujet intéressant.
In letzter Zeit hat dieses Thema an Aktualität gewonnen.	Ces derniers temps, ce sujet est devenu très actuel.
Immer wieder hören wir in den Medien …	Les médias parlent sans cesse de…
Was hat dieses Thema eigentlich mit uns zu tun?	Qu'est-ce que ce sujet a à voir avec nous ?
Warum sollten wir eigentlich über dieses Thema sprechen?	Pourquoi parlons-nous même de ce sujet ?
Ihr habt euch sicher schon einmal gefragt, …	Vous vous êtes sûrement déjà demandé…
Wie kommt es eigentlich, dass …?	Comment se fait-il que… ?
Im Alltag begegnet uns immer wieder …	Au quotidien, nous rencontrons sans cesse…
Für die Diskussion haben wir ca. dreißig Minuten Zeit.	Nous avons environ trente minutes pour la discussion.
Alles in allem soll die Diskussion ungefähr zwanzig Minuten in Anspruch nehmen.	La discussion devrait nous prendre environ vingt minutes en tout et pour tout.

55

Lasst mich die Teilnehmer der Diskussion vorstellen:	Laissez-moi vous présenter les personnes participant à la discussion :
An unserer Diskussion nehmen heute teil:	Aujourd'hui prennent part à notre discussion :
Die Kontraseite wird vertreten von ...	Le camp adverse est représenté par...
Für die Proseite (Kontraseite) begrüße ich ...	J'accueille le camp de ceux qui sont pour (contre)...
Die Teilnehmer sind Experten auf diesem Gebiet.	Les participants sont des experts dans ce domaine.

56

Bitte fasse dich kurz.	S'il te plaît fais-toi bref.
Ich muss dich bitten, dich kurz zu fassen.	Je dois te prier de rester bref.
Bitte komme zum Schluss.	Viens-en à une conclusion, s'il te plaît.
Lass uns auch die Meinung der anderen dazu hören.	Ecoutons également l'avis des autres.
Es wäre interessant, dazu auch die Meinung der anderen zu hören.	Ce serait intéressant d'entendre également l'avis des autres.
Die Zeit ist begrenzt, deshalb sollten wir nun auch die anderen noch zu Wort kommen lassen.	Notre temps est limité, c'est pourquoi nous devrions laisser la parole aux autres maintenant.
Bleibe bitte sachlich.	Tiens-t'en aux faits, s'il te plaît.
Ich möchte dich bitten sachlich zu bleiben.	Je voudrais te prier de rester objectif.
Bitte bleibe in dieser Sache objektiv.	Reste objectif dans cette affaire, s'il te plaît.
Ich bitte dich, persönliche Angriffe zu unterlassen.	Je te prie d'éviter les attaques personnelles.
Wie du vorhin bereits angedeutet hast, hängt dieser Aspekt auch eng mit ... zusammen.	Comme tu l'as déjà évoqué auparavant, cet aspect est en rapport étroit avec...
Bitte nimm direkt Stellung zu dieser Aussage.	Commente directement cette affirmation, s'il te plaît.
Bitte bleibe beim Thema.	Ne change pas de sujet, s'il te plaît.
Das gehört jetzt nicht mehr zum Thema.	Cela ne fait plus partie de notre sujet.

Diskutieren

Wie bringe ich die Diskussion voran?

Oh, allez les gars... Essayez de penser à quelque chose de plus intelligent...

Es gibt verschiedene Möglichkeiten, eine Diskussion, die ins Stocken geraten ist, durch geschickte Fragen wieder in Schwung zu bringen. Es bieten sich in verschiedenen Situationen unterschiedliche Frageformen an.

> ***TIPP:***
> *Betrachte dich in deiner Moderatorenrolle als Stellvertreter für Zuschauer und Diskussionsteilnehmer. Fragen, die du stellst, ermöglichen allen einen Informationsgewinn.*

Vorfragen: Durch gezielte Vorfragen kannst du zu Beginn der Diskussion das Thema und seine Ausprägungen eingrenzen und verdeutlichen. So stellst du sicher, dass alle Teilnehmer einzelne Sachverhalte und Begriffe auf die gleiche Weise verstehen.

Offene Fragen: Stelle Fragen, die nicht nur mit einem Wort oder Satz beantwortet werden können, um die Diskussion lebendig zu halten. Solche offenen Fragen ermöglichen den Teilnehmern, ausführliche und teilweise auch persönliche Stellungnahmen sowie Erläuterungen zu Argumenten anzubringen. Allerdings bergen diese oft unpräzisen Fragen die Gefahr, dass sich niemand zu Wort meldet oder Redebeiträge sehr weitschweifig werden.

Geschlossene Fragen: Wenn du eine ganz spezielle Information erfragen möchtest, stelle direkte, geschlossene Fragen. Es lassen sich so Kernaussagen herausarbeiten und klar formulieren. Mit Hilfe dieser Fragen, können Sachverhalte vereinfacht oder übersichtlich aufgeschlüsselt werden. Der Nachteil dieser Frageform liegt darin, dass die Antwortmöglichkeiten sehr eingeschränkt sind.

Entscheidungsfragen: Sie sind eine Sonderform der geschlossenen Fragen, da sie die Antwort noch weiter einschränken, indem sie lediglich die Wahl zwischen zwei Alternativen vorgeben. Dem Befragten bleibt also keine Möglichkeit eigene Überlegungen in seine Antwort mit einzubringen.

Scheinfragen: Fragen, deren Antworten bereits nahe gelegt werden (Suggestivfragen) oder die keine Antwort benötigen, da diese bereits in der Frage enthalten ist (rhetorische Fragen), sind Scheinfragen, die aus taktischen Gründen eingesetzt werden. Die Fragestellung lässt keine neutrale Beantwortung zu. Diese Art der Fragen bringt die Diskussion nicht voran, sondern gibt eine ganz bestimmte Richtung vor und manipuliert damit die Teilnehmer. Als Moderator solltest du diese Frageform deshalb soweit wie möglich meiden.

Gegenfragen: Hin und wieder ist es ratsam, Fragen der Teilnehmer geschickt umzudrehen und zurückzugeben oder eine Präzisierung zu verlangen. Dies nimmt den Druck vom Befragten, alles sofort beantworten zu müssen und lässt ihm Zeit zum Nachdenken. Außerdem nimmt es aggressiven Teilnehmern oft den Wind aus den Segeln. Es können auch Fragen an die gesamte Diskussionsrunde weitergegeben werden. Das bezieht die anderen mit ein, verhindert Zwiegespräche zwischen Einzelnen und entlastet den Moderator.

57

Wurde die hier vertretene Position deutlich?	Est-ce que cette position est claire maintenant ?
Müssen wir noch irgendetwas klären?	Est-ce que nous devons clarifier encore quelque chose ?
Ist dieser Begriff deutlich?	Est-ce que ce terme est clair ?
Wurde dieser Begriff klar?	Est-ce que vous avez compris ce terme maintenant ?
Gibt es Fragen zur Definition?	Y a-t-il d'autres questions sur cette définition ?
Welche Argumente müssen noch einmal erläutert werden?	Quels arguments faut-il réexpliquer ?
Was ist die Gegenposition zu diesem Standpunkt?	Quel est l'avis opposé à ce point de vue ?
Sollen die Quellen dazu näher erläutert werden?	Est-ce qu'il faut expliquer les sources de manière plus détaillée ?
Gibt es sachliche Widersprüche?	Est-ce qu'il y a des contradictions concernant le sujet ?

58

Was ist deine Meinung zu diesem Thema?	Quel est ton opinion sur ce sujet ?
Wie siehst du das?	Quel est ton point de vue là-dessus ?
Wie denkst du darüber?	Qu'en penses-tu ?
Möchte sich dazu jemand äußern?	Est-ce que quelqu'un veut commenter cela ?
Ihr habt jetzt die Möglichkeit, euch zu einem der genannten Aspekte zu äußern.	Vous avez maintenant la possibilité de commenter un des aspects évoqués.
Gibt es weitere Anmerkungen dazu?	Est-ce qu'il y a des commentaires là-dessus ?
Wie stellt sich die Lage in euren Augen dar?	Comment la situation se présente-t-elle à vos yeux ?

Diskutieren

59

Worin besteht für dich die Kernaussage?	Quel est le message central d'après toi ?
Was ist deine These?	Quelle est ta thèse ?
Wie lauten die für dich stichhaltigsten Argumente für diese Behauptung?	Quels sont pour toi les arguments les plus frappants pour cette affirmation ?
Welche Aspekte sind für dich am wichtigsten?	Quels aspects sont pour toi les plus importants ?
Welche der Argumente haben dich überzeugt und aus welchen Gründen?	Lequel de ces arguments t'a convaincu et pour quelles raisons ?
Was ist deiner Meinung nach das schwerwiegendste Argument und warum?	A ton avis, quel est l'argument le plus important et pourquoi ?
Welche der Möglichkeiten hältst du aus welchen Gründen für machbar?	Laquelle de ces options considères-tu comme faisable et pour quelles raisons ?
Was ist deiner Meinung nach eine gute Alternative?	Quelle serait, selon toi, une bonne alternative ?
Wie würdest du dich verhalten, wenn ...?	Que ferais-tu si... ?
Wofür würdest du dich entscheiden, wenn ...?	Que choisirais-tu si... ?

60

Findest du Sprecher A oder B überzeugender?	Quel orateur trouves-tu le plus convaincant : A ou B ?
Bist du für A oder B?	Tu es pour A ou pour B ?
Glaubst du, dass A oder B zutrifft?	Tu crois que A ou B est correct ?
Was findest du überzeugender?	Qu'est-ce que tu trouves le plus convaincant ?

61

Muss man nicht annehmen, dass ...?	Ne doit-on pas partir du fait que... ?
Ist nicht klar, dass ...?	N'est-il pas clair que... ?
Kann man ernsthaft glauben, dass ...?	Peut-on croire sérieusement que... ?
Kann man als zivilisierter Mensch wirklich behaupten, dass ...?	Est-ce qu'une personne civilisée peut vraiment affirmer que... ?
Ist es nicht herzlos anzunehmen, dass ...?	N'est-il pas insensible de supposer que... ?
Ist es nicht naiv zu glauben, dass ...?	N'est-il pas naïf de croire que... ?

Diese Frage würde ich gerne an die gesamte Runde weitergeben.	Je voudrais passer la question à tout le monde.	62
Sind alle hier der Ansicht, dass ...	Est-ce que tout le monde ici pense que...	
Diese Frage würde ich gerne an die Gegenseite weitergeben.	Je voudrais passer cette question au camp adverse.	
Wenn wir diesen Gedanken weiterverfolgen, was wäre die Konsequenz?	Si nous poursuivions cette idée, quelle en serait la conséquence ?	
Wie meinst du das?	Qu'est-ce que tu veux dire par là ?	
Was genau meinst du mit ...?	Qu'est-ce que tu entends exactement par... ?	
Kannst du das bitte noch einmal wiederholen?	Tu peux répéter encore une fois, s'il te plaît ?	
Mir ist noch nicht ganz klar, auf was du genau abzielst.	Je ne comprends pas bien où tu veux en venir.	
Wäre es möglich dies zu präzisieren?	Est-ce que tu peux préciser cela ?	
Ich bin mir nicht sicher, ob ich dich richtig verstehe. Meinst du, dass ...?	Je ne suis pas sûr de bien te comprendre. Tu veux dire que... ?	

6.2 Der Umgang mit schwierigen Situationen

Wie reagiere ich in schwierigen Situationen?

Comment est-ce que je peux le savoir ? Est-ce que je suis Dieu ? D'ailleurs, c'est de cela que nous discutons, espèce d'idiot.

Oftmals treten während Diskussionen Situationen auf, die nicht leicht zu beherrschen sind. Es ist wichtig, gerade dann ruhig zu bleiben und nicht die Nerven zu verlieren. Manchmal erscheinen unerwartete Fragen von Teilnehmern nur auf den ersten Blick schwierig.

Persönliche Angriffe und Polemisieren: Versuche, freundlich aber bestimmt, die Diskussion wieder auf eine sachliche Ebene zu lenken und sprich aufgetretene Schwierigkeiten auch direkt an.

Polarisieren und Beharren auf Meinungen: In diesem Fall ist es wichtig, dass du als Diskussionsleiter vermittelnd eingreifst, Gemeinsamkeiten zwischen den Positionen hervorhebst und durch weiterführende Fragen die Entwicklung des Diskussionsprozesses förderst. Manchmal lässt sich eine angespannte Situation auch durch Humor auflockern.

Diskutieren

Stillstand der Diskussion: Hier helfen dir im Voraus vorbereitete Fragen oder zusätzliche Argumente weiter, zu denen sich die Teilnehmer äußern können. Auch bewusst sehr provokant formulierte Thesen geben neue Impulse. Sprich gezielt Personen an und hake nach, wenn Antworten nicht ausführlich genug ausfallen oder formuliere selbst nochmals das vorliegende Problem um, so dass die Teilnehmer neue Ansatzpunkte sehen.

63

Wenn wir uns rein auf die Sachlage stützen, dann sehen wir …	Si nous nous en tenons aux faits, nous voyons que…
Bitte bleibe in dieser Sache objektiv.	Reste objectif dans cette affaire, s'il te plaît.
Versuchen wir doch, sachlich zu bleiben.	Essayons donc de rester objectifs.
Persönliche Angriffe bringen uns nicht weiter.	Les attaques personnelles ne nous avanceront pas.
Das ist nicht ganz fair.	Cela n'est pas très fair-play.
Ich möchte dich bitten, persönliche Angriffe zu unterlassen und dich rein sachlich zu äußern.	Je te prie d'éviter les attaques personnelles et de t'exprimer de manière purement objective.
Ich verstehe, dass du deine Position deutlich machen willst, doch bitte nutze dazu sachliche Argumente und keine persönlichen Angriffe.	Je comprends que tu veuilles expliquer ta position mais, s'il te plaît, utilise des arguments objectifs plutôt que des attaques personnelles.
Das hat mit unserem Thema nichts zu tun.	Ceci n'a rien à voir avec notre sujet.
Das hat noch nicht einmal im Entferntesten mit unserem Thema zu tun.	Cela n'a vraiment rien à voir du tout avec notre sujet.

64

So unvereinbar sind die beiden Standpunkte nicht.	Ces deux positions ne sont pas si contraires que cela.
Eine Gemeinsamkeit ist …	Une chose en commun est…
Ich sehe hier eine Ähnlichkeit.	Je vois une ressemblance ici.
In diesem Punkt sind wir uns einig.	Nous sommes d'accord sur ce point.
Wenn wir versuchen, beide Aspekte zu berücksichtigen, …	Si nous essayons de prendre en compte les deux aspects…
Versuchen wir uns von diesem Punkt zu lösen und beachten wir auch …	Essayons de nous éloigner de ce point et prenons également en compte que…
Einen Aspekt haben wir noch nicht genannt …	Il y a encore un aspect que nous n'avons pas mentionné…

65

Warum genau hältst du das für wichtig?	Pourquoi exactement trouves-tu cela important ?
Warum lehnst du dieses Argument ab?	Pourquoi refuses-tu cet argument ?
Warum bist du damit nicht einverstanden?	Pourquoi n'es-tu pas d'accord avec cela ?
Könntest du deinen Standpunkt näher erklären?	Pourrais-tu expliquer ton point de vue plus précisément ?
Wie könnten wir das konkret umsetzen?	Comment pouvons-nous réaliser cela concrètement ?
Mit welchen Folgen müssen wir dann rechnen?	A quelles conséquences devons-nous nous attendre ?
Was wäre hier die Konsequenz?	Quelle serait la conséquence ici ?
Hast du vielleicht eine Idee, wie …?	Peut-être as-tu une idée de comment…
Hättest du vielleicht noch ein Beispiel für dein Argument?	Aurais-tu peut-être un autre exemple pour ton argument ?

Welche Hilfsmittel unterstützen mich bei der Moderation?

Attends, attends ! Ne parle pas aussi vite, je dois noter cela et je ne trouve pas mon stylo.

Notizen und Tabellen helfen dir, eine Diskussion angemessen zu moderieren, flexibel zu reagieren und immer den Überblick zu behalten.

Notizen: Notiere dir Fragen, provokante Thesen, hilfreiche Formulierungen und eigene Argumente zu beiden Seiten übersichtlich auf Moderationskärtchen. So vorbereitet kannst du schnell auf unterschiedliche Situationen reagieren und die Diskussion, wenn sie ins Stocken gerät, mit neuen Impulsen wieder in Gang bringen.

Tabelle: Lege dir im Vorfeld eine Tabelle an (z. B. mit einer Übersicht der Pro- und Kontrateams), in die du während der Diskussion die genannten Argumente stichwortartig eintragen kannst. So weißt du, was bereits gesagt wurde und kannst jederzeit eine stichhaltige Zusammenfassung geben. Eine andere Möglichkeit ist, dir die Argumente, die du erwartest, bereits einzutragen und diese nur abzuhaken, wenn sie tatsächlich fallen. Auf diese Weise siehst du, nach welchen Punkten du als Moderator unter Umständen noch fragen kannst. Lass ausreichend Platz für weitere Argumente und Beispiele.

Welche Hilfsmittel unterstützen meine Diskutierenden?

Ecoute soigneusement et souviens-toi de tout. Tout cela est très important.

> *TIPP:*
> *Du erleichterst dir dein Leben als Moderator, wenn du die Aufgabe des Mitprotokollierens an einen Zuhörer delegierst, der nicht aktiv an der Diskussion teilnimmt.*

Auch für die Diskutierenden ist es nicht immer einfach, der Diskussion zu folgen. Als Moderator kannst du ihnen helfen, alle genannten Punkte zu überblicken.

Verlaufsprotokoll: Notiere wichtige Aspekte auf Folie mit, so dass alle den Verlauf der Diskussion sehen können. Dies kann als Tabelle oder auch als Mind-Map erfolgen. Der Vorteil ist, dass am Ende bereits eine Art Protokoll über die Diskussion vorliegt, anhand welcher eine Bewertung vorgenommen werden kann.

Handout: Falls sich die Diskussion an dein Referat anschließt, und du die Rolle des Moderators übernimmst, kannst du ein Handout an alle Teilnehmer verteilen, auf dem die im Referat dargelegten Argumente zusammengefasst sind. Den Teilnehmern fällt es damit leichter, an Punkte anzuknüpfen und sich auf einzelne Aspekte zu beziehen.

7. Diskussionen analysieren

7.1 Beobachten

Worauf soll ich achten?

Laissez-moi résumer : Je dois faire attention au contenu, aux exemples, au style, à la structure, au langage, à la rhétorique, aux gestes, à la mimique, à l'introduction, à l'argumentation, aux répétitions, à l'intonation, à l'articulation, à l'énonciation – autre chose ?

> *TIPP:*
> *Lege deinen Fokus zunächst auf einzelne Kriterien. Es ist schwierig, sich auf alles gleichzeitig zu konzentrieren.*

Oftmals schließt sich an eine Diskussion eine Feedbackrunde an. Die Teilnehmer sowie der Moderator sollen dabei von den Zuschauern eine Rückmeldung erhalten, die es ihnen erlaubt, bei folgenden Diskussionen noch überzeugender aufzutreten. Damit das Feedback möglichst umfassend und konkret ausfällt, ist es die Aufgabe der Zuhörer, sowohl den Moderator als auch die einzelnen Teilnehmer zu beobachten und zu beurteilen. Mache dir als Zuhörer zunächst klar, welche Aufgaben die Diskutierenden und der Moderator haben und was du von ihnen erwartest.

Checkliste: Beobachtungskriterien zur Bewertung des Moderators

- sinnvolle Einführung ins Thema und prägnante Zusammenfassung der Ergebnisse
- Begrüßung der Zuhörer und Vorstellung der Teilnehmer
- Einhalten der formalen Regeln (z. B. zeitliche Vorgaben)
- ordnende, strukturierende und klärende Kommentare
- souveräner Umgang mit schwierigen Situationen (z. B. persönliche Angriffe)
- Sachkenntnis und hilfreiche Impulse (Argumente, provokante Thesen, weiterführende Fragen, etc.)

Checkliste: Beobachtungskriterien zur Bewertung der Diskutierenden

- fundierte Sachkenntnisse und gut gestützte Argumente (Belege, Beispiele)
- schlüssige, überzeugende Argumente
- logische Anordnung der Argumente und klare Struktur
- enger Bezug zur These
- Einhalten der sachlichen Ebene, keine unfairen Tricks
- Eingehen auf zuvor Gesagtes und Entkräften von Gegenargumenten
- klare Artikulation, Körpersprache und Mimik
- Sprache und Stil (Wortwahl, Überleitungen, rhetorische Mittel, etc.)

Wie notiere ich, was ich beobachte?

Tu pourrais faire bref? Sinon je ne pourrai pas me souvenir de tout ce que tu as dit.

Es ist hilfreich, sich im Vorhinein eine Tabelle anzulegen, in der die einzelnen Punkte, auf die geachtet werden soll, eingetragen werden. Während der Diskussion wird so mit einfachen Zeichen ein kleines Protokoll erstellt. Sprich dich mit anderen Beobachtern ab, so dass jeder auf andere Personen oder Kriterien achtet.

7.2 Bewerten

Wie gebe ich ein sinnvolles Feedback?

Je n'ai jamais rien entendu d'aussi stupide que tes arguments. Et ta voix m'a vraiment tapé sur les nerfs. Rends-moi une faveur et ne prends plus jamais part à la discussion.

TIPP:
Denke immer daran: Es ist leicht, Kritik zu üben, viel schwieriger aber, sie aktiv umzusetzen.

Der Sinn des Feedbacks ist es, die Diskussionsteilnehmer weiter zu bringen. Indem sie auf bestimmte Aspekte aufmerksam gemacht werden, erhalten sie eine Hilfestellung für zukünftige Diskussionen und können sich so verbessern. Optimalerweise beginnt ein Feedback mit positiven Aspekten. Dies ist wichtig, damit derjenige, der die Rückmeldung erhält, zunächst in seinen Fähigkeiten und seinem Selbstbewusstsein gestärkt wird. Gib dem zu Beurteilenden ein Feedback, bei dem er das Gefühl hat, dass du tatsächlich helfen willst und auch positive Aspekte erkannt hast. So ist er viel offener für negative Kritik. Formuliere diese in Form von konkreten Ratschlägen, die direkt umgesetzt werden können.

Checkliste: Gutes Feedback
- beginnt mit positiven Punkten
- ist konstruktiv
- ist subjektiv formuliert
- beschreibt das Problem sachlich
- bezieht sich auf konkrete Beobachtungen

66

Mir hat bereits sehr gut gefallen, wie ...	... m'a vraiment beaucoup plu.
Du hast gut reagiert, als ...	Tu as très bien réagi quand...
Am besten fand ich ...	Ce que j'ai le mieux aimé, c'est...
Besonders beeindruckt hat mich, dass ...	J'ai été particulièrement impressionné par...
Schön fand ich, dass ...	J'ai bien aimé que...
Überzeugt hat mich ...	... m'a convaincu.
Deine Artikulation war sehr klar.	Ton articulation était très claire.
Du hast eine gute Sachkenntnis bewiesen.	Tu as montré que tu connaissais bien le sujet.
Deine Argumente waren schlüssig.	Tes arguments étaient concluants.

Ich konnte deinen Argumenten gut folgen.	J'ai bien suivi tes arguments.
Du hast gute Beispiele und Belege gebracht.	Tu as bien choisi tes exemples et tes preuves.
Deine Position wurde sehr deutlich.	On a très bien compris ta position.
Du hast hilfreiche Impulse gegeben.	Tu nous as donné des informations utiles.
Deine Fragen zeigten, dass du dich mit dem Thema auseinandergesetzt hast.	Tes questions montraient que tu as étudié le sujet.
Deine Fragen waren sehr präzise formuliert.	Tes questions étaient très précises.
An der Stelle war es gut, dass du eingegriffen hast.	C'était bien que tu sois intervenu à ce moment-là.
Du hast immer den Überblick behalten.	Tu as toujours tout maîtrisé.
Du hast auf die Einhaltung der Regeln geachtet.	Tu as fait attention à ce que les règles soient respectées.
Du hast die Dinge immer wieder auf den Punkt gebracht.	Tu as réussi à toujours résumer l'essentiel.

67

Ich finde, du könntest an ... arbeiten.	Je trouve que tu pourrais travailler sur...
Ich denke, es wäre besser, wenn du ...	Je pense que ce serait mieux si tu...
Mich hat gestört, dass ...	Ce qui m'a dérangé, c'est...
An diesem Punkt hast du ...	Sur ce point tu as...
An dieser Stelle konnte ich nicht nachvollziehen ...	A cet endroit-là, je n'ai pas pu suivre...
Nicht so überzeugend fand ich ...	Ce que je n'ai pas trouvé très convaincant, c'est...
Überzeugender wäre das, wenn ...	Ce serait plus convaincant si...
Ich fände es sinnvoll, wenn du deine Argumente durch Beispiele und Belege verdeutlichen würdest.	Je pense qu'il serait utile d'illustrer tes arguments par des exemples et des preuves.
Ich hätte mir mehr Beispiele gewünscht.	J'aurai aimé plus d'exemples.
Vermeide zukünftig persönliche Angriffe.	Evite les attaques personnelles à l'avenir.
Versuche, einen deutlichen Bezug zur These herzustellen.	Essaie de te référer clairement à ta thèse.

Diskutieren

Reagiere auch auf die Gegenseite.	Réagis aussi aux arguments du camp adverse.
Ich würde mir wünschen, dass du auch auf die Argumente der Gegenseite eingingst.	J'aimerais que tu réagisses actuellement aux arguments du camp adverse.
Halte zeitliche Vorgaben ein.	Respecte les limites de temps.
Sprich etwas deutlicher und langsamer.	Parle plus clairement et plus lentement.
Du hast zu leise gesprochen.	Tu as parlé trop bas.
Hier hättest du eingreifen müssen.	A ce moment-là, tu aurais dû intervenir.
Die Einführung ins Thema war mir etwas zu knapp.	J'ai trouvé l'introduction au sujet trop courte.
Mir war manchmal nicht klar, was du mit deinen Fragen meinst.	Quelquefois, je n'étais pas sûr de comprendre ce que tu voulais dire dans tes questions.
Vielleicht hättest du die Opposition durch gezielte Fragen dazu bringen können, ihren Standpunkt ausführlicher darzulegen.	Peut-être aurais-tu pu inviter le camp opposé à expliquer plus clairement son point de vue.
Ich hätte mir an der Stelle eine klärende Zusammenfassung gewünscht.	A cet endroit-là, j'aurais aimé un résumé explicatif.
Du hast dich meiner Ansicht nach zu sehr zurück gehalten.	A mon avis, tu es resté trop réservé.
Du hast sehr viel geredet. Die Diskutierenden kamen kaum zu Wort.	Tu as beaucoup parlé. Les participants n'ont presque pas pu prendre la parole.
Ich hatte das Gefühl, dass du nicht ganz neutral warst.	J'avais l'impression que tu n'étais pas complètement neutre.

8. Übung macht den Meister

8.1 Übungen zum Inhalt

Thesen und Argumente finden

Est-ce qu'il faut enseigner la littérature classique à l'école ?

1 Dans beaucoup de pays, la littérature classique est considérée comme un aspect très important de l'éducation académique. Shakespeare, Goethe et Aristote sont lus et interprétés dans de nombreuses écoles à travers l'Europe. La question est : pourquoi ?
2 Les écoles devraient se concentrer sur des textes modernes puisque ceux-ci se réfèrent à la manière de penser d'aujourd'hui. Les textes modernes aident les étudiants à mieux comprendre les événements actuels. Ils tiennent compte des découvertes plus récentes et ont donc plus de valeur pour les études que la littérature classique.
3 Il est beaucoup plus facile pour les jeunes étudiants d'avoir à faire à des textes modernes. Il est important de présenter aux étudiants quelque chose qui joue un rôle dans leur vie quotidienne. Les textes modernes traitent de sujets universels (par exemple l'amour, la mort, la trahison…) dans un langage qui est plus facile à comprendre et qui fait que les lecteurs peuvent s'identifier aux personnages. Lire de la littérature ne devrait jamais être un travail : si les lecteurs doivent faire de trop gros efforts pour comprendre le langage, ils ne seront peut-être pas intéressés par le contenu, étant donné le temps qu'il leur faudra pour comprendre complètement le texte.
4 De plus, le monde est de plus en plus influencé par les principes économiques dont beaucoup de jeunes gens ne sont pas conscients. Les écoles devraient avoir du temps pour des sujets importants pour l'économie. Si la jeune génération est là pour assurer l'emploi et l'économie pour croître, alors les écoles doivent se concentrer sur l'étude de la technologie, de la science et de l'économie. Ceci est beaucoup plus important pour notre société que de gaspiller son temps avec des idées nostalgiques sur l'éducation culturelle. Le but le plus important des écoles devrait être que leurs étudiants aient du succès sur le marché du travail. Presqu' aucun poste, à part les postes de l'enseignement, ne requiert de connaissances sur Shakespeare ou Molière.
5 Bien sûr, on pourrait argumenter que l'étude de la littérature classique est un défi intellectuel – mais cela est vrai aussi pour les études scientifiques. Et en plus, un bénéfice supplémentaire, les études scientifiques sont utiles pour l'économie.

1 Ordne die folgenden Überschriften den entsprechenden **Abschnitten im Text** zu!

- ☐ a) Apprentissage : Ce dont les élèves ont besoin pour avoir du succès
- ☐ b) Science : Défi intellectuel et utile
- ☐ c) Textes modernes : Clés du monde moderne
- ☐ d) L'importance de la compréhension : Ce à quoi les élèves ont à faire
- ☐ e) Introduction

Diskutieren

2 Welche der folgenden **Thesen** vertritt der Autor? Kreuze diese an!

- ☐ a) La littérature ne devrait pas du tout être enseignée dans les écoles.
- ☐ b) Il devrait y avoir un équilibre entre la littérature moderne et la littérature classique.
- ☐ c) La littérature classique ne devrait pas être enseignée.

3 Die Textabschnitte 2, 3 und 4 enthalten je ein **Argument**, das die These des Autors stützt. Schreibe die drei Argumente auf!

1) ____

2) ____

3) ____

4 Stelle dir vor, dass du die Argumente des Textes in einer kleinen Rede vorstellen sollst. Welche der folgenden **Schlüsselwörter und -sätze** findest du nützlich? Was würdest du auf eine Karteikarte schreiben?

- ☐ 1) Littérature classique : Shakespeare, Goethe, Aristote → pourquoi ?
- ☐ 2) éducation académique : important → pourquoi ?
- ☐ 3) Textes modernes : événements actuels et découvertes récentes
- ☐ 4) Ils tiennent plus de choses en compte que la littérature classique
- ☐ 5) important
- ☐ 6) les sujets universels dans un langage compréhensible : amour, mort, trahison → identification
- ☐ 7) si les lecteurs doivent faire trop d'efforts pour comprendre le langage, ils ne seront peut-être pas intéressés par le contenu, étant donné le temps qu'il leur faudra pour comprendre complètement le texte.
- ☐ 8) écoles : technologie, science, études économiques → marché du travail
- ☐ 9) Les enseignants requièrent : connaissance des écrivains célèbres
- ☐ 10) défi intellectuel et utile pour l'économie : études scientifiques

Eigene Argumente als Gegenposition aufbauen

5 Du möchtest eine Gegenposition zu der im Text vertretenen Meinung aufbauen. Im folgenden Abschnitt findest du drei Argumente, die dafür sprechen, dass klassische Literatur in der Schule unterrichtet werden sollte. Zu jedem Argument gehört eine **Erklärung.** Versuche, diese Erklärungen dem jeweiligen Argument zuzuordnen!

Argument 1: les textes classiques ont une grande influence sur l'écriture moderne et sur le cinéma
Erklärung 1: ______________________________

Argument 2: les textes classiques traitent de choses essentielles pour les humains d'aujourd'hui et de demain
Erklärung 2: ______________________________

Argument 3: les enfants ayant une éducation culturelle ont plus de succès dans la société moderne actuelle
Erklärung 3: ______________________________

a) Dans beaucoup de domaines de la société d'aujourd'hui, il est essentiel de connaître notre patrimoine culturel et d'être capable d'en parler d'une manière détaillée.

b) La littérature actuelle ne peut être appréciée sans connaissances de la littérature classique: la littérature classique, c'est comme les fondations d'une maison.

c) Les sujets ne sont pas démodés mais restent importants et les élèves voient des rapports avec leur propre époque.

6 Zu jedem der oben genannten Argumente gehören auch ein bis zwei **Beispiele.** Ordne auch die Beispiele dem jeweiligen Argument zu!

Argument 1: les textes classiques ont une grande influence sur l'écriture moderne et sur le cinéma
Beispiele 1: ______________________________

Argument 2: les textes classiques traitent de choses essentielles pour les humains d'aujourd'hui et de demain
Beispiele 2: ______________________________

Argument 3: les enfants ayant une éducation culturelle ont plus de succès dans la société moderne actuelle
Beispiele 3: ______________________________

a) les pièces de Molière, Ionesco, les livres de Marcel Pagnol…

b) la mort, l'amour, la haine, le pouvoir…

c) "to be or not to be" ne sera jamais bien compris si l'on n'a pas lu Shakespeare

d) les présentations lors de rendez-vous d'affaires sont mieux perçues si les orateurs font allusion à des pièces célèbres ou des philosophes très connus.

e) L'avare : les élèves examinent l'influence de l'avarice dans les relations humaines.

8.2 Übungen zum Wortschatz

Struktur des Diskussionsbeitrags

1 Alle folgenden Ausdrücke sind nützlich, um einen **Diskussionsbeitrag zu strukturieren.** Versuche, die Ausdrücke zu verbinden, die eine ähnliche Bedeutung haben!

1) ☐	Voici ma définition de…	a) De plus,…
2) ☐	Ceci ne veut pas dire que… mais que…	b) La raison en est que…
3) ☐	Pour commencer par…	c) Par cette expression je veux dire…
4) ☐	D'autre part,…	d) Ceci exclut…
5) ☐	On pourrait argumenter que…	e) Une bonne raison pour cet argument est…
6) ☐	On pourrait avoir pour objection…	f) La conséquence est…
7) ☐	Cependant, il est vrai que…	g) Une bonne raison contre cet argument est…
8) ☐	Ceci est dû au fait que…	h) D'abord,…
9) ☐	Comme résultat,…	i) Cependant, il faudrait clarifier que…

2 Ein Satz deines Diskussionsbeitrags ist angegeben. Wähle eine passende Fortsetzung deines Beitrages aus den drei Möglichkeiten aus!

1) Il y a deux points ici.

- ☐ a) Il y a deux problèmes ici.
- ☐ b) Alors,...
- ☐ c) Premièrement,... . Deuxièmement,...

2) On dit souvent que les enfants devraient lire beaucoup.

- ☐ a) Ceci est correct à la base, mais...
- ☐ b) Alors...
- ☐ c) D'autre part,...

3) Car premièrement, cela soutient l'économie.

- ☐ a) Une raison contre cet (argument) est...
- ☐ b) Et deuxièmement,...
- ☐ c) D'une part,...

4) Cependant, ceci est une situation spéciale.

- ☐ a) Ici, cependant,... est valable.
- ☐ b) Au contraire, il faut dire que...
- ☐ c) Même si... est considéré normalement comme...

Die folgenden Wendungen kannst du verwenden, um **auf bereits genannte Aspekte Bezug zu nehmen**. Versuche, den Beginn der Wendung mit dem richtigen Ende zu, verbinden!

1) ☐ Pour en revenir...	a) ... indiqué au début...
2) ☐ Comme je l'ai...	b) ... redeviennent importantes.
3) ☐ Et c'est ici que les choses mentionnées au début...	c) ... brièvement à mon affirmation de départ...
4) ☐ Ceci semble contredire...	d) ... importance particulière pour notre thèse.
5) ☐ Ce point est d'une...	e) ... ma thèse de départ.

Diskutieren

Die eigene Meinung angeben

4 Welche der folgenden Wendungen sind geeignet, um die eigene **Meinung** anzugeben? Kreuze diese an!

- ☐ a) Je suppose que...
- ☐ b) Mon but est de prouver que...
- ☐ c) Quelques chiffres illustreront ces résultats.
- ☐ d) Plusieurs points concernant ce sujet ont été mentionnés.
- ☐ e) J'affirme que...
- ☐ f) Pour en revenir brièvement à...
- ☐ g) Je voudrais vous convaincre du fait que...

5 Welche der folgenden Wendungen drücken **Widerspruch** aus? Kreuze diese an!

- ☐ a) Eh bien,...
- ☐ b) N'est-ce pas notre devoir de... ?
- ☐ c) Je ne suis pas d'accord du tout.
- ☐ d) Au contraire,...
- ☐ e) Je peux y répondre immédiatement.
- ☐ f) Cet argument ne me convainc pas beaucoup car...
- ☐ g) Ceci est loin d'être sûr.

6 Welche der folgenden Wendungen drückt die stärkste **Ablehnung** aus? Welche ist am schwächsten formuliert? Nummeriere die Wendungen! 1 bedeutet die stärkste Ablehnung.

- ☐ a) Sottises !
- ☐ b) Je me demande si c'est le cas.
- ☐ c) Je crains de ne pas ëtre de votre avis.
- ☐ d) Ceci est très improbable.
- ☐ e) Je doute vraiment que...

7 Welche der folgenden Wendungen passt nicht zu den übrigen dazu? Kreuze diese an!

1)
- ☐ a) Rappelez-vous que…
- ☐ b) Oui, mais n'est-ce pas… ?
- ☐ c) Ceci n'est pas tout à fait vrai.
- ☐ d) Ne pensez-vous pas que… ?

2)
- ☐ a) Pensez-vous vraiment cela ?
- ☐ b) Qu'est-ce qui vous fait dire cela ?
- ☐ c) Oh, allez !
- ☐ d) Personnellement, je pense que cela ne vaut pas la peine d'en discuter.

3)
- ☐ a) Je conclus que…
- ☐ b) Je crois fortement que…
- ☐ c) Je suis convaincu que…
- ☐ d) C'est idéal pour…

4)
- ☐ a) Le fait est que…
- ☐ b) Vous ne pouvez pas en tirer une règle générale.
- ☐ c) Si nous considérons cela objectivement,…
- ☐ d) Restons-en aux faits.

5)
- ☐ a) Si nous considérons les deux points de vue…
- ☐ b) Les deux camps sont d'accord sur…
- ☐ c) Je commence à penser que cela serait une bonne chose de…
- ☐ d) Le compromis suivant est envisageable :

Argumente stützen und illustrieren

3 Du möchtest deine **Argumente ausbauen** und überzeugend gestalten. Versuche, für die verschiedenen Situationen die passende Wendung zu finden!

1) ☐ Du willst Zahlen anführen.	a) Généralement, on part du principe que…
2) ☐ Du willst angeben, was die breite Masse denkt.	b) Laissez-moi illustrer cela brièvement par l'exemple suivant :
3) ☐ Du möchtest ein Zitat anbringen.	c) Je voudrais citer quelques exemples.
4) ☐ Du möchtest ein Beispiel nennen.	d) Les chiffres montrent que…
5) ☐ Du möchtest mehrere Beispiele nennen.	e) Il y a plusieurs raisons à mon opinion.
6) ☐ Du möchtest Gründe für deine Einstellung nennen.	f) Selon [Philippe Martin],…

Diskutieren

9 Mit den folgenden Wendungen kannst du **Statistiken** erläutern und **Zitate** und **Vergleiche** einbringen. Setze die fehlenden Wörter in die Lücken ein!

à	triplé	deux fois plus élevé	de	transmettent	d'avis

1) Cette somme a ____________________ en deux ans.

2) Ce chiffre peut être comparé ____________________...

3) Ce nombre est ____________________ que...

4) Ces chiffres ____________________ un message très clair.

5) Qui ne connaît pas la phrase célèbre ____________________ [Philippe Martin] :

6) [Philippe Martin] est ____________________ que...

10 Du möchtest eine allgemein **anerkannte Meinung** oder eine **eigene Erfahrung** angeben. Versuche, die folgenden Wendungen zu übersetzen.

1) ____

Es wird allgemein angenommen ...

2) ____

Die Mehrheit vertritt die Ansicht, dass ...

3) ____

In der heutigen Gesellschaft ...

4) ____

Die Erfahrung zeigt ...

5) ____

Ich habe häufig erlebt, dass ...

6) ____

Vielleicht ist euch schon etwas Ähnliches passiert.

Abschließende Stellungnahme

11 Welche der folgenden Wendungen sind geeignet, um abschließend **Stellung zu nehmen**, ein **Ergebnis festzuhalten** oder eine **Konsequenz zu ziehen**?

- ☐ a) Le résultat est...
- ☐ b) De plus, on peut bien sûr affirmer que...
- ☐ c) D'autre part, n'oubliez pas que...
- ☐ d) A la base, c'est correct. Mais, dans ce cas,...
- ☐ e) Alors, je suggère que...
- ☐ f) Aucun d'eux ne me convainc. Je pense que...
- ☐ g) Ceci ne pourrait pas être la solution.

12 Du hältst ein **Schlussplädoyer**. Welche Wendungen stärken deinen Standpunkt? Welche zeigen Kompromissbereitschaft? Kreuze an, was jeweils zutrifft!

	Standpunkt	Kompromiss
1) Peut-être est-ce ainsi qu'on peut trouver une solution :	☐	☐
2) Peut-être que nous pourrions trouver un compromis.	☐	☐
3) C'est stupide de penser que...	☐	☐
4) Il n'y a aucun doute sur le fait que...	☐	☐
5) Le point commun de ces positions est évident.	☐	☐
6) Je crois fortement que...	☐	☐

Diskutieren

Reagieren in unterschiedlichen Situationen

13 Wenn du **mehr Zeit oder Informationen** brauchst, um eine Frage zu beantworten, helfen dir die folgenden Wendungen. Allerdings sind die Wörter durcheinander geraten. Versuche, diese wieder in die richtige Reihenfolge zu bringen!

a) ____?
Qu'est-ce que / par là / tu / dire / veux

b) ____?
Pourrais- / plus en détail / expliquer / tu / cela

c) ____.
Je / votre / question / ne suis pas / sûr / avoir compris / d'

d) ____.
Tout cela / des / circonstances / dépend

e) ____.
J'aurai / de / besoin / temps / pour / y / réfléchir

f) ____.
C'est/ bonne / une / question / très

14 Versuche, die passende Reaktion zu den beschriebenen Situationen zu finden!

1) ☐ Ein Sprecher vergleicht Dinge, die überhaupt nicht verglichen werden können.
2) ☐ Du bist der Ansicht, dass die Aussage eines Spreches vielleicht vor langer Zeit Gültigkeit hatte, heute aber sicher nicht mehr.
3) ☐ Du kannst eine Frage nicht sofort beantworten.
4) ☐ Ein Sprecher schweift vom Thema ab.
5) ☐ Ein Sprecher leitet eine allgemeine Regel aus einem Sonderfall ab.

a) Revenons-en au centre de notre sujet.
b) Vous ne pouvez pas en faire une règle générale.
c) C'est une question difficile car…
d) Ceci est votre opinion personnelle, pas un fait.
e) Vous comparez des choses incomparables.

6) ☐ Ein Sprecher geht von einer falschen Annahme aus. | f) Ceci était peut-être le cas il y a longtemps, mais…

7) ☐ Ein Sprecher gibt seine persönliche Meinung als Tatsache aus. | g) Même la supposition que… est incorrecte.

15 Häufig musst du **unfaire Tricks** der Gegenseite durchschauen. Welche der folgenden Fragen sind unfair, weil sie den Zuhörer zu manipulieren versuchen? Kreuze diese an!

☐ a) Est-ce qu'une personne civilisée peut vraiment affirmer que… ?

☐ b) N'est-ce pas naïf de croire que… ?

☐ c) Est-ce qu'il y a des questions concernant cette définition ?

☐ d) Quel est le point de vue du camp adverse là-dessus ?

☐ e) Pourquoi devons-nous discuter de ce sujet ?

☐ f) N'est-ce pas insensible de supposer que… ?

Moderieren

16 Als Moderator kann man Fragen verwenden, um eine **Diskussion voranzubringen**. Versuche, die Fragen den Übersetzungen zuzuordnen!

1) ☐	Warum genau hältst du das für wichtig?	a) Comment pouvons-nous réaliser cela exactement ?
2) ☐	Warum lehnst du dieses Argument ab?	b) As-tu peut-être une idée de comment… ?
3) ☐	Könntest du deinen Standpunkt näher erklären?	c) Pourrais-tu expliquer ton point de vue plus en détail ?
4) ☐	Wie könnten wir das konkret umsetzen?	d) Quelle pourrait-en être la conséquence ?
5) ☐	Was wäre hier die Konsequenz?	e) Pourrais-tu donner encore un exemple à ton argument ?
6) ☐	Hast du vielleicht eine Idee, wie …?	f) Pourquoi est-ce que tu n'es pas d'accord avec cet argument ?
7) ☐	Hättest du vielleicht noch ein Beispiel für dein Argument?	g) Pourquoi exactement trouves-tu que ceci est important ?

Diskutieren

17 Als Moderator musst du oft **in die Diskussion eingreifen**. Welche Wendungen sind höflich und zurückhaltend formuliert? Welche sind eher unhöflich? Kreuze an, was jeweils zutrifft!

	höflich	unhöflich
1) Je vous prie de rester bref.	☐	☐
2) Venez-en à une conclusion.	☐	☐
3) Je crains que cela nous éloigne du sujet.	☐	☐
4) Sois objectif.	☐	☐
5) Il ne s'agit pas de cela.	☐	☐
6) Notre temps est limité, alors laissons la parole aux autres.	☐	☐

Feedback geben

18 Du möchtest den Sprechern ein **konstruktives Feedback** geben. Welche der Wendungen kannst du in den verschiedenen Situationen sagen?

1) ☐ Der Sprecher hat Fachkompetenz bewiesen.
2) ☐ Du konntest der Argumentationsweise eines Sprechers gut folgen.
3) ☐ Dir hat es gefallen, wie deutlich ein Sprecher seine Meinung vertreten hat.
4) ☐ Du möchtest etwas hervorheben, das dir besonders gefallen hat.
5) ☐ Du glaubst, dass ein Sprecher seine Argumente nicht genügend gestützt hat.
6) ☐ Du glaubst, dass ein Sprecher nur ungenügend auf die Gegenseite eingegangen ist.
7) ☐ Du glaubst, dass ein Sprecher zu sehr vom Thema abgewichen ist.

a) J'ai pu suivre vos arguments facilement.
b) Je pense que cela pourrait être utile si vous illustriez vos arguments par des exemples et des preuves.
c) Vous avez montré votre bonne connaissance du sujet.
d) Essayez de vous référer clairement à votre thèse.
e) Répondez aussi aux arguments du camp adverse, s'il vous plaît.
f) Votre position est maintenant très claire.
g) J'ai été particulièrement impressionné par…

19 Welche Wendungen kannst du einsetzen, um **negatives bzw. positives Feedback** zu geben? Kreuze an, was jeweils zutrifft!

	positiv	negativ
1) Ce que j'ai préféré, c'était...	☐	☐
2) J'aurais apprécié d'avoir plus d'exemples.	☐	☐
3) A cet endroit-là, je n'ai pas pu suivre...	☐	☐
4) ... m'a convaincu.	☐	☐
5) Vos exemples et vos preuves étaient bien choisis.	☐	☐
6) Je pense que vous pourriez travailler...	☐	☐

Lösungen

Referate halten

Übungen zum Inhalt

Übung 1
a) 4, b) 1, c) 3, d) 2

Übung 2
richtig: b), c), e); falsch: a), d), f)

Übung 3
a), c), e), g), i), j), k)

Übung 4
1) a, c; 2) e, g; 3) i, j, k

Übung 5
a) 5, b) 1, c) 2, d) 3, e) 4
Martin, Philippe: *Shakespeare. Le plus grand des écrivains.* PONS, Stuttgart: 2008. S.12ff.

Übungen zum Wortschatz

Übung 1
a), c), e), f), g), i), j)

Übung 2
a), c), d), e), f), h), i)

Übung 3
1) d, 2) c, 3) b, 4) e, 5) a

Übung 4
1) n'hésitez pas, 2) restera, 3) distribuer, 4) durera, 5) posez, 6) répondrai, 7) levez

Übung 5
1) g, 2) c, 3) a, 4) d, 5) f, 6) e, 7) b

Übung 6
a), d), e), g)

Übung 7
1) Nous partons de la base suivante :; 2) L'idée suivante est centrale :; 3) Je voudrais insister sur deux aspects en particulier :; 4) On peut voir une évolution nette...; 5) Les points importants sont...; 6) Ce que je veux dire par là, c'est que...

Übung 8
1) f, 2) c, 3) a, 4) b, 5) d, 6) e

Übung 9
1) Mon premier argument est...; 2) Le premier aspect que je voudrais présenter est...; 3) Je devrais aussi mentionner que...; 4) D'abord, je voudrais montrer que...; 5) De plus, il est important de...; 6) Troisièmement, nous devrions considérer que...; 7) Nous ne devrions pas ignorer la chose suivante :

Übung 10
a), b), d), g), j)

Übung 11
1) tirons, 2) une chose différente, 3) ceci me mène, 4) mentionner, 5) complètement différente, 6) devrions aussi jeter un regard

Übung 12
1) c, 2) f, 3) a, 4) g, 5) i, 6) b 7) h, 8) d, 9) e

Übung 13
a), c), d), g), h)

Übung 14
1) e, 2) i, 3) c, 4) a, 5) d, 6) b, 7) h, 8) f, 9) g

Übung 15
a), b), d), e), f), h)

Übung 16
Zustimmung: 1), 3), 4), 7);
Widerspruch: 2), 5), 6), 8)

Übung 17
1) b, 2) c, 3) a, 4) d, 5) e

Übung 18
1) a+c, 2) b+c, 3) a+c

Übung 19
1) g, 2) a, 3) f, 4) d, 5) b, 6) e, 7) c

Diskutieren

Übungen zum Inhalt

Übung 1
a) 4, b) 5, c) 2, d) 3, e) 1

Übung 2
c)

Übung 3
1) Les textes modernes aident les étudiants à mieux comprendre les événements actuels et ils ont donc plus de valeur pour les études que la littérature classique.
2) Il est plus facile pour les jeunes étudiants d'avoir à faire à des textes modernes car le langage est plus facile à comprendre. 3) Les écoles devraient avoir du temps pour les sujets importants pour l'économie et pour la carrière future des étudiants. Lire les classiques ne permet pas aux jeunes d'avoir plus de succès sur le marché du travail.

Übung 4
1), 3), 6), 8), 10)

Übung 5
1) b, 2) c, 3) a

Übung 6
1) a, c; 2) b, e; 3) d

Übungen zum Wortschatz

Übung 1
1) c, 2) d, 3) h, 4) a, 5) e, 6) g, 7) i, 8) b, 9) f

Übung 2
1) c, 2) a, 3) b, 4) c

Übung 3
1) c, 2) a, 3) b, 4) e, 5) d

Übung 4
a), b), e), g)

Übung 5
c), d), f), g)

Übung 6
a) 1, b) 5, c) 2, d) 3, e) 4

Übung 7
1) c, 2) c, 3) d, 4) b, 5) c

Übung 8
1) d, 2) a, 3) f, 4) b, 5) c, 6) e

Übung 9
1) triplé, 2) à, 3) deux fois plus élevé, 4) transmettent, 5) de, 6) d'avis

Übung 10
1) En général, on part du principe que…; 2) La majorité est d'avis que…; 3) Dans la société actuelle…; 4) L'expérience montre…; 5) J'ai souvent fait l'expérience que…; 6) Peut-être vous est-il déjà arrivé quelque chose de semblable.

Übung 11
a), e), f), g)

Übung 12
Standpunkt: 3), 4), 6);
Kompromiss: 1), 2), 5)

Übung 13
1) Qu'est-ce que tu veux dire par là ?
2) Pourrais-tu expliquer cela plus en détail ? 3) Je ne suis pas sûr d'avoir compris votre question. 4) Tout cela dépend des circonstances. 5) J'aurais besoin de temps pour y réfléchir. 6) C'est une très bonne question.

Übung 14
1) e, 2) f, 3) c, 4) a, 5) b, 6) g, 7) d

Übung 15
a), b), f)

Übung 16
1) g, 2) f, 3) c, 4) a, 5) d, 6) b, 7) e

Übung 17
höflich: 1), 3), 6); unhöflich: 2), 4), 5)

Übung 18
1) c, 2) a, 3) f, 4) g, 5) b, 6) e, 7) d

Übung 19
positiv: 1), 4), 5); negativ: 2), 3), 6)

Referate halten

1 Zuhörer begrüßen

Bonjour, tout le monde.

Chers camarades de classe,...

Chers camarades d'étude,...

Mesdames et messieurs,...

Je vous souhaite la bienvenue à...

Soyez les bienvenus.

Merci d'être tous là ce matin.

Je suis heureux que vous ayez tous réussi à venir.

Merci d'être venus aussi nombreux...

2 Sich vorstellen

La plupart d'entre vous me connaissent déjà, je suis...

Pour ceux qui ne me connaissent pas, je suis...

Je me présente brièvement.

Mon nom est...

Je m'appelle...

Je suis en classe de troisième.

Je suis étudiant en deuxième année.

Je suis stagiaire.

Avec moi, vous voyez...

Je pense que vous connaissez tous...

Je voudrais vous présenter...

Est-ce que je peux vous présenter...

Nous travaillons ensemble sur ce sujet depuis déjà longtemps.

Nous avons préparé cet exposé ensemble.

Nous allons nous relayer au cours de cet exposé.

Nous avons divisé notre présentation de la façon suivante :

3 Technische Fragen klären

Est-ce qu'il fait trop clair ?

Vous voulez que je ferme les rideaux ?

Vous aimeriez que je réduise la lumière ?

Est-ce que les gens assis au fond voient aussi la présentation ?

Vous pouvez tous lire la feuille transparente ?

Il y a encore de la place devant. Voudriez-vous peut-être venir un peu plus près ?

Vous me comprenez tous bien ?

Je parle assez fort ?

Un instant s'il vous plaît, la technique nous joue un tour.

Le lecteur de CD (le magnétoscope, l'ordinateur) ne marche pas.

Les choses ne vont pas tout à fait comme prévu, mais peut-être pouvons-nous continuer avec...

Je m'excuse pour la petite interruption, nous continuons tout de suite.

4 Organisatorische Fragen klären

N'hésitez pas à m'interrompre si quelque chose n'est pas clair.

Faites-moi signe si vous avez une question.

Vous pouvez poser des questions à tout moment de la présentation.

Posez vos questions dès qu'elles vous viennent à l'esprit.

Je répondrai à vos questions à la fin de l'exposé.

A la fin de la présentation vous aurez assez de temps pour discuter.

La présentation durera environ vingt minutes en tout.

La présentation durera environ une heure.

Il y a un script que je vais distribuer tout de suite.

Je distribuerai le script après la présentation.

Je vous donnerai un script, vous n'avez donc pas besoin de prendre de notes.

5 Ins Thema einsteigen

Aujourd'hui, je voudrais parler de...

Aujourd'hui, je vais parler de...

Le sujet d'aujourd'hui est...

Aujourd'hui, je voudrais parler avec vous d'un sujet intéressant (important, central).

Dans cet exposé, je voudrais vous familiariser avec un sujet qui...

... cela sonne peut-être un peu ennuyeux (démodé) au début. Mais j'espère pouvoir vous convaincre du contraire au cours de la présentation.

Ce qui m'a particulièrement fasciné (intéressé, ému), c'est...

Je m'intéresse déjà depuis longtemps à...

Ce sujet a gagné en actualité ces derniers temps.
Les médias en parlent encore et encore…
Tout le monde sait que…
En quoi est-ce que ce sujet nous concerne ?
Pourquoi est-ce qu'il faut que nous parlions de ce sujet ?
Vous vous êtes sûrement déjà demandé…
Comment se fait-il que…
Au quotidien, nous avons à faire à…
C'est un exemple de…
Le but de cet exposé est…
Je voudrais montrer que…
Nous voulons prouver que…
Mon but est d'arriver à…
Il est important d'informer les gens sur…
Je voudrais attirer votre attention sur…
J'aimerais mettre au premier plan un aspect jusque là peu connu.
Il s'agit d'écarter tous les préjugés contre…
J'espère que vous verrez d'un autre œil… à la fin de cet exposé.

-6

Referatsaufbau vorstellen

Je voudrais vous présenter la structure de mon exposé.
J'ai divisé l'exposé en quatre parties.
Dans mon exposé, je vais parler des choses suivantes :
Je me suis centré sur…
Je me concentre surtout sur les points suivants :
D'abord, je vais parler de… puis je traiterai de… pour aborder ensuite…
A la fin, je parlerai de…
En conclusion, je parlerai de…
A ce moment-là, vous aurez l'occasion de poser des questions (de discuter).
A la fin de la présentation, il nous restera encore suffisamment de temps pour discuter.

-7

Inhalte präsentieren

Nous voyons clairement que…
L'aspect suivant est un aspect central :
Nous partons du fait suivant :
Dans ce contexte, les points suivants sont particulièrement importants :
Un aspect crucial est…
Je voudrais insister sur deux aspects en particulier.
Les points importants sont…
Ce que je veux dire par là, c'est que…
Il est évident que…
On reconnaît une tendance très nette.
On peut interpréter ces propos de la façon suivante…
Contrairement à l'opinion générale, on observe une évolution différente.
Vu ces faits…
Cependant on voit une évolution très nette…

8

Argumente vorstellen

Partons du principe que…
Laissez-moi formuler la thèse suivante :
J'affirme que…
Au cours de mon exposé je vais réfuter l'hypothèse suivante :
Admettons que…
Je voudrais prouver que…
Durant ma présentation j'appuierai cette thèse sur de nouveaux arguments.
D'abord, supposons que…
Vu les aspects présentés jusque là, je pars du principe que…
Les résultats actuels de la recherche laissent supposer que…
Jusqu'à maintenant on a toujours supposé que…
Je considère les thèses admises jusque là comme fausses parce que…
Je voudrais affirmer la thèse suivante…
Je crois que les découvertes des dernières années prouvent plutôt… que…

9

Referate strukturieren

Mon premier argument est :
Le premier point dont je voudrais vous parler est :
Deuxièmement…
Et troisièmement, nous devrions tenir compte de…
D'abord, je voudrais montrer que…
Un argument supplémentaire est…
Mais il faut aussi mentionner que…

Il ne faut pas non plus oublier l'aspect suivant :
De plus...
A part cela,...
De plus, il est important que...
Il faut aussi mentionner que...
Au fait,...
En outre,...
Mentionnons également en passant que...

10 Orientierungshilfen geben

Venons-en maintenant au point...
Je voudrais en venir à...
Nous avons déjà abordé les trois premiers aspects.
Ces thèmes sont importants pour le prochain point.
Le domaine suivant est aussi en rapport avec cela.

11 Zwischenfazits ziehen und überleiten

Avant d'aborder..., je voudrais résumer brièvement...
Nous pouvons désormais tirer les conclusions suivantes :
Ceci a pour conséquence...
D'une part..., d'autre part...
Cependant...
Néanmoins...
Voilà en ce qui concerne...
En ce qui concerne..., c'est tout à fait différent
On peut aussi mentionner que...
D'autre part, on voit que...
Ceci me conduit à un autre aspect.
Ceci m'amène à mon point suivant.
Un autre point important est le suivant :
Ici, il est aussi intéressant de...
Dans ce contexte, nous devrions tenir compte de...
Dans ce contexte, il ne faut pas omettre de parler de...
Souvent, on dit que...
Mais dans ce cas,...
En général, c'est correct, mais...
Il faut aussi mentionner...
Une situation similaire est...
... est une situation complètement différente.

12 Auf Vorangegangenes verweisen

Ici, on peut tirer un parallèle avec...
Ceci rappelle le point précédent qui traitait de...
Comme je l'ai déjà mentionné...
Ce point a déjà été discuté au début.
Pour en revenir à...
Ici, les points mentionnés au début reprennent de l'importance.
Ceci semble contredire ma thèse de départ.
Peut-être vous demandez-vous maintenant si je ne viens pas d'affirmer exactement le contraire ?
Je peux vous assurer que ce n'est pas en contradiction avec...
Après cet examen approfondi et après avoir pesé les arguments, nous ne pouvons pas maintenir notre thèse de départ.
Ceci parle en la faveur de la thèse de départ.
Cela prouve que notre théorie est correcte.

13 Beispiele einbauen

Cet exemple montre que...
Cet exemple illustre...
Un bon exemple pour cela est...
J'aimerais citer quelques exemples...
Laissez-moi illustrer cela par un exemple...
Il y avait par exemple un cas...
Peut-être que cela sera plus clair avec un exemple :

14 Biographische Daten nennen

[Philippe Martin] est né en...
[Philippe Martin] est mort en...
Je vais vous citer quelques faits biographiques sur...
Je vais vous donner un aperçu de la vie de [Philippe Martin].
La même année...
Cet incident fut particulièrement important pour...
Son but dans la vie était de...

15 Historische Ereignisse darlegen

En…

La situation était la suivante :

En… la situation était particulièrement difficile (favorable).

De nombreux facteurs influencèrent…

Les raisons de cette évolution étaient variées.

Dans d'autres pays également…

Contrairement à aujourd'hui, il y avait autrefois…

Si nous comparons la situation d'autrefois avec la situation actuelle, nous verrons que…

16 Zahlen und Fakten einbauen

Quelques chiffres vont illustrer ces résultats.

Le nombre est de…

Ce chiffre est deux fois plus élevé que…

On peut comparer cette valeur à…

Cette quantité est comparable avec…

Le chiffre a triplé en deux ans.

Cela fait autant que…

Cela fait moins que…

17 Statistiken erläutern

Ici vous voyez…

le camembert / le diagramme en bâtons / le diagramme en arbre

Cette statistique prouve que…

Ce diagramme montre que…

un quart / la moitié / un tiers / trois-quarts

23% des [Parisiens] sont…

[Strasbourg] a un plus bas pourcentage de… que [Paris].

Le pourcentage de… à… est plus élevé que la moyenne nationale.

Je voudrais vous montrer quelques statistiques détaillées.

Le diagramme montre une tendance très nette en…

Je voudrais attirer votre attention sur ce graphique.

En 2004, on a constaté une hausse considérable (une baisse rapide).

La courbe nous indique comment la consommation augmente toujours plus (diminue).

Si nous comparons les graphiques de 1998 et de 2008, nous constatons que…

Le rapport équilibré entre le bâton vert et le bâton rouge incite à penser que…

Ce qui est encourageant (inquiétant) ici, c'est que…

Ces chiffres sont clairs et nets.

18 Quellen angeben

J'ai fondé mes réflexions sur les auteurs suivants :

Ici, je m'appuie sur…

La principale source de mon exposé est…

L'une des sources de mon exposé a été…

Les statistiques ont été calculées par…

Je voudrais ici faire allusion à l'expérience de [Philippe Martin].

19 Meinungen angeben und zitieren

[Philippe Martin] est d'avis que…

Selon [Philippe Martin],…

D'après [Philippe Martin],…

[Philippe Martin] pense…

[Philippe Martin] suppose…

[Philippe Martin] est d'avis que…

[Philippe Martin] plaide en faveur de (contre)…

[Philippe Martin] affirme :

Comme la ministre laissa supposer…

[Philippe Martin] insiste toujours sur le fait que…

Dans son article (livre, publication) [*Les Français*], [Philippe Martin] a déjà fait remarquer que…

Dans ce contexte, je voudrais citer les paroles de [Philippe Martin] :

Dans ce contexte [Philippe Martin] a déclaré :

Même [Philippe Martin] répète cette thèse dans ses publications.

Dans l'éditorial du *Figaro* du 14.02.2008, un aspect important est abordé.

[Philippe Martin] a fait cette observation pour la première fois en 1996.

Page 26 du livre de [Philippe Martin] [*Les Français*] de 2003, on trouve le commentaire suivant :

Ceci contredit totalement...

Contrairement à ce que [Philippe Martin] affirme dans son article [*Les Français*],...

Ceci nous permet de réfuter la thèse de [Philippe Martin].

Une supposition non prouvée de [Philippe Martin] qui est toujours répandue par les médias...

Allgemeine Auffassungen angeben

20 En général on admet (suppose) que...

Il n'y a aucun doute sur le fait que...

Beaucoup de gens croient...

On dit souvent que...

L'opinion publique est contre (pour)...

La majorité (une minorité) considère que...

L'atmosphère est échauffée (froide, agréable).

Une forte tendance à voir cela de cette manière domine.

Dans les milieux scientifiques (informés, politiques), on part du principe que...

Die eigene Meinung formulieren

21 A mon avis...

Je crois...

Je suppose...

D'après moi...

Je suis d'avis que...

Nous pensons que...

Nous sommes d'avis que...

En ce qui me concerne...

Pour moi il n'y a aucun doute sur...

Je considère comme très vraisemblable que...

Comme [Philippe Martin], je pense que...

Je ne peux que me ranger aux côtés de [Philippe Martin].

Je trouve... particulièrement convaincant.

Je ne peux qu'être d'accord avec cela.

Je doute vraiment que...

Personnellement, je trouve que cela vaut la peine d'être discuté.

Cet argument ne me convainc pas car...

Contrairement à [Philippe Martin], je pense que...

Hauptpunkte zusammenfassen

22 Laissez-moi résumer le tout.

Ici, il est très important que...

En résumé, on peut dire que...

En conclusion je voudrais...

Après avoir bien pesé les arguments...

J'en arrive à la conclusion suivante :

J'en tire la conclusion suivante :

En conséquence de mes arguments, on peut dire que...

Venons-en maintenant à mon évaluation.

Das Referat beenden

23 Je vous remercie de votre attention.

Merci de m'avoir écouté.

Me voici arrivé à la fin de mon exposé.

J'espère que cela aura été utile.

J'espère vous avoir donné de quoi discuter.

J'espère avoir pu vous transmettre une vue différente des choses.

J'espère vous avoir présenté ce sujet sous un angle nouveau.

Fragen anregen und darauf reagieren

24 Est-ce qu'il y a des questions ?

Est-ce que tout est clair ?

Je suis à votre disposition pour des questions.

Si vous avez des questions, vous pouvez les poser à tout moment.

S'il vous plaît n'hésitez pas à demander.

Une réponse détaillée à cette question nous mènerait trop loin.

Si vous désirez approfondir le sujet, je peux vous conseiller la littérature suivante :

Je voudrais lancer cette question au public.

C'est par là que je voudrais démarrer la discussion.

Diskutieren

Thema definieren

25 Je voudrais définir brièvement le sujet...
Ceci signifie...
C'est-à-dire que...
Voici ma définition de...
Par cette expression j'entends...
Cela peut signifier... comme...
Ceci ne veut pas dire que... mais que...
Ceci exclut...

Linearer Argumentationsaufbau

26 D'abord,...
Premièrement,...
Commençons par...
Ici, deux points sont importants :
Premièrement,... . Deuxièmement,...
Il y a ici deux problèmes.
De plus,...
En plus,...
D'autre part,...
Et s'il est aussi correct que...
Alors...
Ceci mène à...
Ceci est dû au fait que...
La raison en est que...
Pour cette raison...
Ceci s'explique par...
C'est évident parce que...
Finalement...
Le résultat est...
Ceci a pour conséquence...
En conséquence,...

Dialektischer Argumentationsaufbau

27 On dit souvent que...
D'autre part, on affirme bien sûr que...
On pourrait mentionner que...
On pourrait objecter que...
Une bonne raison pour cet argument est...
Une bonne raison contre cet argument est...
D'une part...
D'autre part...
Ceci est certes correct à la base, mais...
D'un autre côté, on devrait penser au fait que...
Au contraire, il faut dire que...
Mais il est vrai que...
Il faut noter que...
Mais cela contredit...

Sonderfallargumentation

28 Habituellement, on voit la chose de la manière suivante :
On dit souvent que...
Mais, dans ce cas particulier,...
Nous avons à faire ici à une situation très particulière.
Même si normalement, on considère que...
Ici, cependant,... est correct.
De manière générale, ceci est certes correct. Mais ici,...
Dans la plupart des cas, ceci serait exact, mais...
Car premièrement,...
Et deuxièmement,...
Un argument en faveur de cela est...
Un argument contre cela est...
C'est pourquoi je vous propose de...
Dans ce cas, il vaudrait mieux...

Zwei Positionen vergleichen

29 [Philippe Martin] est d'avis que...
[Philippe Martin], au contraire, pense que...
[Philippe Martin] fonde son opinion sur...
[Philippe Martin] justifie cela par...
Ses raisons en sont...
Je considère la position de [Philippe Martin] comme convaincante car...
Je me rallie à [Philippe Martin] car...
Je pense que ce point de vue est moins convaincant car...
Aucun des deux n'a pu me convaincre. Je pense que...
Les deux points de vue ne sont pas concluants car...

30 Einen Konsens finden

Plusieurs points ont été mentionnés à ce sujet.
On a affirmé que...
Au contraire, on a dit que...
Certainement que... est aussi convaincant.
Il ne faut pas oublier que...
Les points communs suivants sont visibles.
Tous les deux sont d'accord sur le point suivant :
Ils ont donc le point de vue suivant en commun :
On peut en conclure que...
Ceci pourrait être la solution.
On a pu en tirer les conséquences suivantes :

31 Standpunkt deutlich machen

Ma thèse est que...
... est vrai car...
... est correct car...
C'est vrai.
Ce n'est pas vrai.
C'est faux de...
... est bien car...
... est mauvais car...
J'affirme que...
Je voudrais montrer que...
Je voudrais prouver que...
Mon but est de prouver que...
Je voudrais vous convaincre que...
... est particulièrement important.

32 Gründe für den Standpunkt nennen

Je vais maintenant vous expliquer mes raisons.
Il y a de nombreuses raisons à mon opinion.
La raison la plus importante est...
Je voudrais citer plusieurs points.
Mon premier argument...
Ceci est censé vous montrer...
... est également très important.
Il faut considérer également...

33 Beispiele einbauen

Cet exemple montre que...
Cet exemple illustre le fait que...
Un bon exemple pour cela est...
Je voudrais citer quelques exemples...
Laissez-moi vous expliquer à l'aide d'un bref exemple :
Il y a eu par exemple un cas...
Peut-être que cela sera plus clair avec l'exemple suivant :
Voici quelques chiffres :
Comme vous pouvez le voir,...

34 Zahlen und Fakten nennen

Quelques chiffres illustreront ces résultats.
Le chiffre est de...
Ce chiffre est deux fois plus élevé que...
On peut comparer cette valeur avec...
Cette quantité est comparable avec...
Cette somme (ce chiffre) a triplé en deux ans.
Cela en fait autant que...
Cela en fait moins que...
Ce qui est encourageant ici, c'est...
Ce qui nous cause du souci, c'est...

35 Bezug zur These nehmen

Pour en revenir à...
Comme nous l'avons constaté au début...
Comme je l'ai affirmé au début...
Et ici, les points mentionnés au début redeviennent importants.
Cela semble contredire ma thèse de départ. Mais...
Ce point est très important pour notre thèse.
Ceci confirme la thèse de départ.
Ceci prouve notre thèse.

36 Mit Fragen umgehen

Je peux y répondre tout de suite.
Eh bien,...
C'est une question intéressante car...
C'est une question difficile car...
C'est une très bonne question. La chose est que...
Que veux-tu dire par là ?
Je ne comprends pas bien ta question.

Est-ce que tu pourrais expliquer cela plus en détail ?
Cela dépend de ce que tu veux dire.
Je ne suis pas sûr de comprendre le but de ta question.
Tu voudrais donc savoir…
Alors tu me demandes pourquoi…
Cela dépend des circonstances.
J'ai besoin d'un peu de temps pour y réfléchir.

37 Autoritäten zitieren

Dans ce contexte [Philippe Martin] a dit :
[Philippe Martin] aussi répète cette thèse dans ses publications.
[Philippe Martin] insiste toujours sur le fait que…
[Philippe Martin] est d'avis que…
Selon [Philippe Martin],…
[Philippe Martin] pense…
[Philippe Martin] a pour opinion…
[Philippe Martin] plaide pour (contre)…
Même [Philippe Martin] a dit…
Laissez-moi citer [Philippe Martin] :
Qui ne connait pas la phrase célèbre de…

38 Tatsachen nennen

Cette statistique prouve…
Comme vous pouvez le voir…
Les chiffres montrent que…
Ces chiffres rendent évident que…
Les faits suivants prouvent ma thèse :
Il est prouvé scientifiquement que…
Les scientifiques les plus connus dans ce domaine sont d'accord sur le fait que…

39 Sich auf Werte und Normen berufen

En général, on part du principe que…
Il n'y a aucun doute sur le fait que…
Pour nous, il est important…
Dans notre société actuelle…
L'opinion publique est contre (pour)…
La majorité pense que…
Il y a une tendance très forte à voir les choses de cette manière.
Il y a certaines règles à respecter…
C'est la base de notre communauté.

40 Erfahrungen einbringen

L'expérience montre…
Je voudrais vous parler de mon expérience personnelle.
J'ai souvent pu me rendre compte que…
Je constate à chaque fois que…
Peut-être avez-vous déjà vécu quelque chose de semblable.

41 Vergleiche ziehen

Permettez-moi de comparer cela avec la situation suivante :
Laissez-moi faire une comparaison.
Comparons cela avec…
Peut-être qu'une comparaison nous aidera à éclaircir cela.
Ici aussi, nous avons vu que…
Ce cas ressemble au nôtre.

42 An Gefühle appellieren

N'est-ce pas scandaleux que… ?
Si nous voulons éviter que…, alors nous devons…
Ne faut-il pas agir ?
Ne pensez-vous pas non plus que…
Vous devez prendre conscience du fait que…
N'est-ce pas notre devoir… ?

43 An den Verstand appellieren

Aucune personne raisonnable ne peut nier que…
Tout homme sensé sait…
Si on considère la chose objectivement, on ne peut pas continuer à affirmer que…
Personne ne peut sérieusement mettre en doute le fait que…
Toute personne sensée sera d'accord.
Seuls quelques traditionnalistes incorrigibles croient encore que…

44 Zusammenfassen und ein Fazit ziehen

Permettez-moi de résumer encore une fois l'essentiel.
Mon principal argument a été…
Mon but était…
Il est très important ici de…

Ne devrions-nous pas... ?
Nous devons...
Après avoir pesé avec soin les arguments...
Tout cela montre clairement que...
C'est pourquoi je rejette...
J'en arrive à la conclusion suivante :
J'en tire la conclusion suivante :
Arrivé au bout de mes explications, j'en conclus que...
Venons-en à une estimation :

45 Die eigene Meinung formulieren

A mon avis...
Selon moi...
Je crois fermement que...
Je suis entièrement convaincu que...
Il est stupide de penser que...
C'est faux de...
Il est idéal pour...
Il n'y a aucun doute sur le fait que...

46 Eine Lösung vorschlagen

Peut-être que c'est ici qu'est la solution :
Le compromis suivant serait envisageable :
Si nous considérons les deux points de vue...
Les points communs de ces positions sont évidents.
Les deux camps sont d'accord sur le fait que...

47 Einen Kompromiss erarbeiten

Peut-être pourrions-nous nous mettre d'accord sur un compromis.
Peut-être pourrions-nous trouver ici un compromis.
Je pense qu'il est possible de trouver un compromis.
Je crois que...
Je suppose que...
Je pense que...
Il est sans doute possible que...
C'est probablement un bon argument pour...
Je commence à penser que ce serait une bonne chose...
Je doute que...
Je doute que...
Je ne crois pas que...

48 Argumenten widersprechen

Ce n'est pas vrai.
Je ne suis pas du tout d'accord.
Qu'est-ce qui te fait dire cela ?
Je crains de ne pas pouvoir dire oui à cela.
Bien au contraire...
Sottises !
Cet argument ne me convainc pas car...

49 Einwände erheben

Sérieusement, maintenant !
Tu crois vraiment cela ?
Arrêtez cela !
Il ne s'agit pas de cela.
Ceci est loin d'être sûr.
C'est très improbable.

50 Zweifel anbringen

Eh bien, je ne suis pas entièrement sûr...
Personnellement, je crois que cela vaut la peine d'en discuter.
Je n'en suis pas sûr.
Je ne crois pas que cela soit correct.
Je ne suis pas sûr que cela marche.
J'ai des gros doutes que...
Je me demande si c'est le cas.
Pas nécessairement.
Cela n'est pas nécessairement la conséquence.
Strictement parlant, ce n'est pas correct.

51 Argumente einschränken

Mais qui peut dire... ?
Mais pourquoi... ?
Mais si...
Oui, mais...
Souviens-toi que...
Oui, mais n'est-ce pas... ?
Cela se peut, mais...
Cela peut être en partie vrai, mais...
Peut-être était-ce le cas autrefois mais...
Tu as peut-être raison en ce qui concerne...,
mais...
Pourtant...
N'est-ce pas plutôt... ?
Tu ne penses pas que... ?

Unfairen Tricks begegnen

52 Restons-en aux faits.

Vu de manière objective,…

Les attaques personnelles ne nous feront pas avancer.

Tu compares ce qui n'est pas comparable.

On ne peut pas transférer ce cas individuel aussi facilement.

Tu ne peux pas en faire une règle générale.

En disant cela, tu ignores complètement le fait que…

On ne peut pas généraliser.

Rien que d'admettre que… est incorrect.

Tu ne peux pas partir du fait que…

Ta déduction n'est pas tout à fait correcte.

C'est ton opinion personnelle, pas un fait.

Cela ne me m'impressionne pas du tout.

Mais le fait est que…

Le camp adverse essaie de nous faire croire que…

Le point de vue émotionnel de l'orateur nous empêche de voir les faits de manière adéquate.

Revenons-en au cœur de l'affaire.

Restons-en à notre thèse.

Als Moderator begrüßen

53 Bonjour, tout le monde.

Chers camarades de classe,…

Chers camarades d'étude,…

Mesdames et messieurs,…

Je vous souhaite la bienvenue à…

Soyez les bienvenus.

Merci d'être tous là ce matin.

Je suis heureux que vous ayez tous réussi à venir.

Merci d'être venus aussi nombreux…

Sich und das Thema vorstellen

54 Mon nom est…

Je m'appelle…

Je me présente brièvement :

Notre sujet est…

Aujourd'hui nous allons discuter du sujet…

Je vous souhaite la bienvenue à notre intéressante discussion sur le sujet :

Le sujet de la discussion d'aujourd'hui est :

Notre sujet d'aujourd'hui est très actuel.

Aujourd'hui je voudrais discuter avec vous d'un sujet intéressant.

Ces derniers temps, ce sujet est devenu très actuel.

Les médias parlent sans cesse de…

Qu'est-ce que ce sujet a à voir avec nous ?

Pourquoi parlons-nous même de ce sujet ?

Vous vous êtes sûrement déjà demandé…

Comment se fait-il que… ?

Au quotidien, nous rencontrons sans cesse…

Nous avons environ trente minutes pour la discussion.

La discussion devrait nous prendre environ vingt minutes en tout et pour tout.

Die Diskussionsteilnehmer vorstellen

55 Laissez-moi vous présenter les personnes participant à la discussion :

Aujourd'hui prennent part à notre discussion :

Le camp adverse est représenté par…

J'accueille le camp de ceux qui sont pour (contre)…

Les participants sont des experts dans ce domaine.

Auf Regelverstöße hinweisen

56 S'il te plaît fais-toi bref.

Je dois te prier de rester bref.

Viens-en à une conclusion, s'il te plaît.

Ecoutons également l'avis des autres.

Ce serait intéressant d'entendre également l'avis des autres.

Notre temps est limité, c'est pourquoi nous devrions laisser la parole aux autres maintenant.

Tiens-t'en aux faits, s'il te plaît.

Je voudrais te prier de rester objectif.

Reste objectif dans cette affaire, s'il te plaît.

Je te prie d'éviter les attaques personnelles.

Comme tu l'as déjà évoqué auparavant, cet aspect est en rapport étroit avec…

Commente directement cette affirmation, s'il te plaît.

Ne change pas de sujet, s'il te plaît.

Cela ne fait plus partie de notre sujet.

57 Vorfragen stellen

Est-ce que cette position est claire maintenant ?

Est-ce que nous devons clarifier encore quelque chose ?

Est-ce que ce terme est clair ?

Est-ce que vous avez compris ce terme maintenant ?

Y a-t-il d'autres questions sur cette définition ?

Quels arguments faut-il réexpliquer ?

Quel est l'avis opposé à ce point de vue ?

Est-ce qu'il faut expliquer les sources de manière plus détaillée ?

Est-ce qu'il y a des contradictions concernant le sujet ?

58 Offene Fragen stellen

Quel est ton opinion sur ce sujet ?

Quel est ton point de vue là-dessus ?

Qu'en penses-tu ?

Est-ce que quelqu'un veut commenter cela ?

Vous avez maintenant la possibilité de commenter un des aspects évoqués.

Est-ce qu'il y a des commentaires là-dessus ?

Comment la situation se présente-t-elle à vos yeux ?

59 Gezielte Frage stellen

Quel est le message central d'après toi ?

Quelle est ta thèse ?

Quels sont pour toi les arguments les plus frappants pour cette affirmation ?

Quels aspects sont pour toi les plus importants ?

Lequel de ces arguments t'a convaincu et pour quelles raisons ?

A ton avis, quel est l'argument le plus important et pourquoi ?

Laquelle de ces options considères-tu comme faisable et pour quelles raisons ?

Quelle serait, selon toi, une bonne alternative ?

Que ferais-tu si... ?

Que choisirais-tu si... ?

60 Entscheidungsfragen stellen

Quel orateur trouves-tu le plus convaincant : A ou B ?

Tu es pour A ou pour B ?

Tu crois que A ou B est correct ?

Qu'est-ce que tu trouves le plus convaincant ?

61 Mit Scheinfragen manipulieren

Ne doit-on pas partir du fait que... ?

N'est-il pas clair que... ?

Peut-on croire sérieusement que... ?

Est-ce qu'une personne civilisée peut vraiment affirmer que... ?

N'est-il pas insensible de supposer que... ?

N'est-il pas naïf de croire que... ?

62 Gegenfragen stellen

Je voudrais passer la question à tout le monde.

Est-ce que tout le monde ici pense que...

Je voudrais passer cette question au camp adverse.

Si nous poursuivions cette idée, quelle en serait la conséquence ?

Qu'est-ce que tu veux dire par là ?

Qu'est-ce que tu entends exactement par... ?

Tu peux répéter encore une fois, s'il te plaît ?

Je ne comprends pas bien où tu veux en venir.

Est-ce que tu peux préciser cela ?

Je ne suis pas sûr de bien te comprendre. Tu veux dire que... ?

63 Diskussionen versachlichen

Si nous nous en tenons aux faits, nous voyons que...

Reste objectif dans cette affaire, s'il te plaît.

Essayons donc de rester objectifs.

Les attaques personnelles ne nous avanceront pas.

Cela n'est pas très fair-play.

Je te prie d'éviter les attaques personnelles et de t'exprimer de manière purement objective.

Je comprends que tu veuilles expliquer ta position mais, s'il te plaît, utilise des arguments objectifs plutôt que des attaques personnelles.

Ceci n'a rien à voir avec notre sujet.

Cela n'a vraiment rien à voir du tout avec notre sujet.

Vermittelnd eingreifen

64 Ces deux positions ne sont pas si contraires que cela.

Une chose en commun est...

Je vois une ressemblance ici.

Nous sommes d'accord sur ce point.

Si nous essayons de prendre en compte les deux aspects...

Essayons de nous éloigner de ce point et prenons également en compte que...

Il y a encore un aspect que nous n'avons pas mentionné...

Diskussionen beleben

65 Pourquoi exactement trouves-tu cela important ?

Pourquoi refuses-tu cet argument ?

Pourquoi n'es-tu pas d'accord avec cela ?

Pourrais-tu expliquer ton point de vue plus précisément ?

Comment pouvons-nous réaliser cela concrètement ?

A quelles conséquences devons-nous nous attendre ?

Quelle serait la conséquence ici ?

Peut-être as-tu une idée de comment...

Aurais-tu peut-être un autre exemple pour ton argument ?

Positives Feedback formulieren

66 ... m'a vraiment beaucoup plu.

Tu as très bien réagi quand...

Ce que j'ai le mieux aimé, c'est...

J'ai été particulièrement impressionné par...

J'ai bien aimé que...

... m'a convaincu.

Ton articulation était très claire.

Tu as montré que tu connaissais bien le sujet.

Tes arguments étaient concluants.

J'ai bien suivi tes arguments.

Tu as bien choisi tes exemples et tes preuves.

On a très bien compris ta position.

Tu nous as donné des informations utiles.

Tes questions montraient que tu as étudié le sujet.

Tes questions étaient très précises.

C'était bien que tu sois intervenu à ce moment-là.

Tu as toujours tout maîtrisé.

Tu as fait attention à ce que les règles soient respectées.

Tu as réussi à toujours résumer l'essentiel.

Negatives Feedback formulieren

67 Je trouve que tu pourrais travailler sur...

Je pense que ce serait mieux si tu...

Ce qui m'a dérangé, c'est...

Sur ce point tu as...

A cet endroit-là, je n'ai pas pu suivre...

Ce que je n'ai pas trouvé très convaincant, c'est...

Ce serait plus convaincant si...

Je pense qu'il serait utile d'illustrer tes arguments par des exemples et des preuves.

J'aurai aimé plus d'exemples.

Evite les attaques personnelles à l'avenir.

Essaie de te référer clairement à ta thèse.

Réagis aussi aux arguments du camp adverse.

J'aimerais que tu réagisses actuellement aux arguments du camp adverse.

Respecte les limites de temps.

Parle plus clairement et plus lentement.

Tu as parlé trop bas.

A ce moment-là, tu aurais dû intervenir.

J'ai trouvé l'introduction au sujet trop courte.

Quelquefois, je n'étais pas sûr de comprendre ce que tu voulais dire dans tes questions.

Peut-être aurais-tu pu inviter le camp opposé à expliquer plus clairement son point de vue.

A cet endroit-là, j'aurais aimé un résumé explicatif.

A mon avis, tu es resté trop réservé.

Tu as beaucoup parlé. Les participants n'ont presque pas pu prendre la parole.

J'avais l'impression que tu n'étais pas complètement neutre.

NOCH MEHR SICHERHEIT IN FRANZÖSISCH MIT …

PONS SCHÜLERWÖRTERBUCH FRANZÖSISCH MIT CD-ROM

Französisch-Deutsch / Deutsch-Französisch

Der Wörterbuch-Klassiker für die Schule!

- Schülerfreundliches Layout: schnell und einfach nachschlagen durch blaue Stichwörter
- Enthält den aktuellen Wortschatz aller Schulbücher
- Viele Infokästen zu Grammatik, Landeskunde und Sprachgebrauch
- Farbige Landkarten mit deutscher und französischer Beschriftung
- Extras: Kurzgrammatik, Verbtabellen …
- Sonderteil: Musterbriefe zu Themen wie Bewerbung, Brieffreundschaft und Schüleraustausch
- Mit elektronischem Wörterbuch für PC, PDA und Smartphone
- Inklusive Drehscheibe „unregelmäßige Verben“

Format: 13 x 19,8 cm, ca. 1500 Seiten. Flexicover.

ISBN: 978-3-12-**517244**-9

PONS SCHULGRAMMATIK PLUS FRANZÖSISCH

Umfassend nachschlagen, verstehen, wissen

qui“ oder „que“ – wann nehme ich was beim Fragenstellen?

Falls Du nicht länger ahnungslos bleiben willst, ist diese Grammatik das Richtige für Dich!

- Sie enthält die wichtigsten Grammatikregeln für die gesamte Schullaufbahn
- Das unschlagbare Plus: die übersichtlichen Verbtabellen mit allen Formen
- Alles leicht verständlich erklärt und mit vielen Beispielsätzen illustriert
- Mit ihrer Hilfe wirst Du nie mehr in die typischen Grammatikfallen tappen
- Durch den festen Einband ist sie besonders langlebig

Format: 21,5 x 15 cm, 160 Seiten. Hardcover.

ISBN: 978-3-12-**561441**-3

PONS

www.pons.de